早稲田教育叢書 29

データによる大学教育の自己改善
――インスティテューショナル・リサーチの過去・現在・展望――

沖 清豪・岡田 聡志 編著

学文社

は じ め に

　本書は高等教育機関，とりわけ大学におけるインスティテューショナル・リサーチ（IR, Institutional Research）に関する現時点までの研究成果と知見をまとめ，大学改革において IR を導入していこうとする際に考慮すべき点を提示することを通じて，今後の展望を得ようとするものである。

　インスティテューショナル・リサーチという言葉はこの数年で大学関係者，とりわけ中期目標を設定し経営改善を目指す大学関係者や，学生に対する教育をどのように改善したらよいか悩む大学関係者の間で，急速に普及してきた。概念や知見，なによりもアメリカの大学の多くに設置されているインスティテューショナル・リサーチの担当部局（IR Office などと呼ばれる）については従来から様々な形で言及されてきた中で，急速にその考え方が普及するに至ったのは，2008 年以降，中央教育審議会における議論において，インスティテューショナル・リサーチの重要性とその担当職員養成の必要性が提示されたことを直接のきっかけとしていると思われる。

　しかし IR という略語自体は，Investor Relations（財務広報，インベスター・リレーションズ）の略語として普及してきたものであり，また近年大学内では Institutional Repository（機関リポジトリ，機関内の諸文献のデータベース）の略語として一般的に用いられている。その点では，ここで検討する IR という語彙自体は未だ普及途上のものといえるのかもしれない。

　実際，例えば，日本私立大学団体連合会は 2009 年に加盟三団体に属する大学にアンケートを行い，「私立大学における教育の質向上～わが国を支える多様な人材育成のために～」と題する報告書を公開している（日本私立大学団体連合会　2009）。この報告書に対するアンケート内で，内部質保証体制の整備との関係でインスティテューショナル・リサーチの導入を研究中と回答している大学があることを紹介し，「今後，わが国でどのように定着するかは未知数であるが，そのような動きがある」（日本私立大学団体連合会 2009：71）とまとめ

ている。

　また，IR について定義した和文献を読んでみると，各文献で描かれている IR が相当に異なる内容となっており，読者はしばしば混乱することになってしまう。IR を解釈するための特徴を説明するモデルはアメリカで提案されてきたものが日本でも紹介されてきており，本書もそれを踏襲しているが，インスティテューショナル・リサーチを日本で実際に導入しようとした場合に，何がインスティテューショナル・リサーチであり，何がそうではないのか，何をどこまで期待して良いのかについて考えても，文献や実践でかなりの違いが生じている。本書でこの混乱をすべて解決できたなどとは言えないが，少なくとも日本にインスティテューショナル・リサーチを導入するにあたり，それが多様な形で発展してきたアメリカ，あるいはようやく意識的に導入されるようになってきた欧州などでの議論を参照した上で，改めて国内の大学で今後インスティテューショナル・リサーチを実践していくために意識すべき点については，ある程度提示できたのではないかと考えている。

　本書は IR をめぐる共同研究を基盤としつつ，共同執筆者の個別研究の成果をまとめたものである。また IR を研究しその成果をまとめるという視点だけでなく，実際に IR を導入するにあたって個別大学，とりわけ人的にも金銭的にも余裕があるわけではない私立大学において，何を意識して IR を導入したらよいのかについて検討するに際しての検討・研修資料という側面も意識して編集している。

　具体的には，第 1 章では主に IR についてほぼご存じではない方を対象とした形で，IR とは何かについて概要を紹介している。IR と呼ばれる活動の多様性とその可能性について理解していただければと考えている。

　その後，第 2 章から第 7 章までは，「IR の海外事例研究」として，前半はアメリカにおける IR 実践史や研究史，および現在の事例からみた日本への示唆をまとめている。また後半は現在まで必ずしも IR をめぐる研究で十分関心が払われてこなかったオランダとイギリスにおける IR 実践の進行状況を紹介し

ている。両国とも IR 実践はまだその途に就いたばかりであり，日本と同様の状況や課題に直面していることが理解され，改めて日本で今後 IR を充実させていこうとする場合に，示唆があるものと思われる。

　一方，日本国内の現在の状況を把握したい場合には，第 8 章と第 9 章をご覧いただきたい。この 2 章は国内調査結果の概要を紹介したものであり，他機関における動向などを踏まえて，学内での実践を深めていこうとお考えの場合に有意義であればと考えている。最後の第 10 章では，全体の状況を踏まえて，今後日本で IR 実践を深めていくために必要となる視点を提示し，すでに実践している一部の大学の事例について紹介している。

　ちなみに，注は各章の末尾に掲載し，文献表については本書末尾に一括して和文献と洋文献とに分けて掲載しており，原著が英語であっても訳文を参照している場合には和文献に含めている。

　なお，本書末尾に三つの資料を掲載している。資料 1 は国際的な IR の学会である AIR（Association for Institutional Research）が刊行している学術誌である New Directions for Institutional Research 誌の分析を通じて，アメリカ国内で IR が何について，誰によって，どこ（所属機関）で語られているかという基礎的な分析である。また資料 2 では，過去 50 年にわたる IR の本格的な研究・実践の中で，現在から見ても重要と思われるいくつかの英語文献の解題を行っている。さらに資料 3 では日本国内の先導的な IR 実践を行っている代表的な大学・部局のサイトアドレスを掲載している。今後本格的に IR について研究を積み重ねていこうと考えられている方にとって，これらの資料が参考になれば幸いである。

　本書の内容はまだまだ不充分ではあるが，本書をきっかけとして，IR への関心や理解が深まり，各大学における改善への取組が進んでいくことを期待してやまない。

2011 年 3 月

　　　　　　　　　　　　　　　　　　　　　　　　　　　　　　編著者

目　次

はじめに ——————————————————————————— i

第1章　インスティテューショナル・リサーチとは何か ——————— 1
　　　　―その概念整理―
　　1．はじめに　1
　　2．背景の整理　4
　　3．IRの機能類型と実際　6
　　4．暫定的な視点の設定　10
　　5．おわりに　12

第1部　インスティテューショナル・リサーチの海外事例研究

第2章　アメリカにおけるIRの歴史と機能観をめぐる論争 ——————— 15
　　1．はじめに　15
　　2．IRの起源　16
　　3．IRをめぐる2つの方向性―SanfordとRussell　20
　　4．おわりに　35

第3章　インスティテューショナル・リサーチにおけるAlumni Research
　　　　―アメリカの大学における卒業生分析を手がかりに― ——————— 39
　　1．はじめに　39
　　2．卒業生分析の成長　42
　　3．卒業生分析　45
　　4．おわりに　52

第4章　私立大学におけるインスティテューショナル・リサーチ構築に
　　　　向けての検討 ——————————————————————— 53
　　1．はじめに　53
　　2．インスティテューショナル・リサーチの成立と機能　54
　　3．データの重要性　58
　　4．日本の私立大学におけるIRの可能性　62
　　5．おわりに　64

第5章　アメリカの事例にみる類型化 ————————————— 65
　　　　―担当者養成と政策立案機能から―
　　1．はじめに　65
　　2．IR機能を果たすべき人材の養成　67
　　3．機能別IR部局の規模　69
　　4．IR部局への機能集中と分散　70
　　5．おわりに　71

第6章　オランダにおけるインスティテューショナル・リサーチの成立と
　　　　展開 ————————————————————————— 75
　　1．はじめに　75
　　2．オランダにおけるIRの歴史的系譜　76
　　3．オランダのIRにおけるVSNU（大学協会）の役割　80
　　4．アムステルダム大学におけるIRの実践　82
　　5．トゥエンテ大学におけるIR　86
　　6．おわりに　87

第7章 イギリスにおけるインスティテューショナル・リサーチ実践の
　　　　現状と展望――――――――――――――――――――― 93
　1．はじめに　93
　2．導入初期のIR研究と実践　94
　3．学生調査に基づく学習経験改善の取組　97
　4．全国会議とネットワークの動向　99
　5．全国学生調査とIR　100
　6．おわりに　102

第2部　日本におけるインスティテューショナル・リサーチの現状と展望

第8章　機関レベルのインスティテューショナル・リサーチ機能の実態と意識
　　　　――2008年私立大学調査からの知見――――――――― 107
　1．はじめに　107
　2．調査の概要　108
　3．IR担当部局の設置と機能　109
　4．IR機能の担当箇所　110
　5．各IR機能を今後重視する度合い　113
　6．おわりに　117

第9章　学部レベルではインスティテューショナル・リサーチはどのように
　　　　捉えられているか――2009年ベネッセ調査からの知見―― 119
　1．はじめに　119
　2．IRは大学に必要なのか？　120
　3．自由記述から見るIRの必要性に対する認識の理由　122
　4．IRを促進するためにはなにが必要か　127
　5．まとめ　136

第10章　日本におけるインスティテューショナル・リサーチの可能性と課題
　　　　―実践例からの示唆― ──────────────────── 139
　1．はじめに　139
　2．高等教育研究との関係　140
　3．経営機能改善を目指した実践例　142
　4．教育機能改善を目指した実践例　143
　5．データ収集に特色を有する実践例　145
　6．教育改善に資するデータの利用の一事例　146
　7．拡散するIR概念と新たな動向　151
　8．おわりに　154

おわりに ─────────────────────────────── 158

謝辞 ───────────────────────────────── 159

資料1　IRについて「何を」「誰が」「どこで」語っているのか
　　　　―New Directions for Institutional Researchの分析― ──── 161
資料2　インスティテューショナル・リサーチに関する主要文献の
　　　　解題 ──────────────────────────── 175
資料3　国内インスティテューショナル・リサーチ実践を知るための
　　　　代表的なサイト ───────────────────── 195
参考文献 ───────────────────────────── 197

第1章

インスティテューショナル・リサーチとは何か
――その概念整理――

1. はじめに

　はじめに，インスティテューショナル・リサーチ（IR, Institutional Research）とは何かについて確認することからはじめたい。
　本章では議論をはじめるにあたりIRとは，さしあたり当該機関（institution）の機関および機関構成員による何らかの調査研究（research）を指す語彙であると捉えて検討を始める。第1節ではIRとは何であるのかについて，日本の議論を踏まえつつ改めて確認する。第2節ではIRが急速に問われるようになった背景を確認する。第3節では特にアメリカでの議論を参照しつつ，代表的な類型化について確認する。その上で第4節では，日本の文脈を踏まえつつ，IRをどのように捉えると良いかについて検討する。
　一般に欧米の大学はその多くにIRを目的とした組織を有しているとされる。ただし，researchとは呼ぶものの，当該機関の経営・教育全般をめぐる情報収集や計画立案（planning）的側面を重視する事例が多く，また組織内でも当該機関の専門職員（professional staff）によって機関自身のresearchが実施され

てきたとされる（スウィング＝山田 2005 等）。

　加えて IR の研究対象も広範にわたる。例えば，1966 年の創設以来アメリカ国内における IR 実践・研究の全国組織として大きな影響力を有しつつ発展してきた Association for Institutional Research（AIR）はその機関誌 *New Directions for Institutional Research* において，特集テーマに基づく IR の類型化を行っている[1]。後述するように，IR をめぐる話題は単に管理経営課題だけでなく，リテンション率の問題といった学生確保や FD といった経営・教育双方に関連する課題，研究者に焦点化された活動，そして校友対策や教育プログラムの効率性，社会へのアカウンタビリティの遂行，学生支援などといった教育面まで広がっている（Volkwein 1999：2-6）。IR とは広範な課題を調査・研究の対象としている活動なのである。

　近年日本国内の高等教育関係者，特に個別機関内で管理運営改革や教育改革を進めようとしている教職員によって IR は現在，改めて注目されてきている。たとえば中央教育審議会では，2008 年 4 月に公表された大学分科会「学士課程教育の構築に向けて（審議のまとめ）」において，職員の職能開発に言及する文脈で，新たな職員業務として需要が生じてきている事例として，「インスティテューショナル・リサーチャー（学生を含む大学の諸活動に関する調査データを収集・分析し，経営を支援する職員）」が言及され，IR という新たな取り組みの出現に言及されている。逆にいえば，IR 自体が日本国内で認識されてから，まだ数年しか経過していないということでもある。

　また，とりわけ法人化を端緒として，個別大学の自らの機能を改めて検証し，個性ある大学として生き延びるための切実な改革が求められ，さらに法人評価や認証評価制度の導入の中で否応なく組織の再検証とデータに基づいた（evidence-based）改革を志向せざるを得なかった国立大学内では，IR の継続的活動が必要との認識が高まっている大学も少なくないようである。

　しかし一般的に名古屋大学評価情報分析室や九州大学評価情報開発室といった，初期から機能してきた日本版 IR 部局の事例，あるいは小湊・中井（2006）によっても示されているように，現段階における一般的な IR への関心は，学

生支援・教育面の改革という以上に，管理経営面の改善のための情報収集および分析，特に自己点検・評価活動への寄与という側面により関心が集まりがちである。これらの点から，IRをめぐる議論において，しばしば教育面での改善を志向する立場と，経営管理面での改善を志向する立場が十分相互理解が構築されてこないまま，どのような志向によるかによって，IRの理解が偏りがちであったと捉えることもできるであろう。

ここ数年に著された論文や報告書の一部でも，IRの機能を教育改善のためのものとして捉えるべきか，経営改善のためのものとすべきなのかを二者択一であるかのように，あるいは時にどちらかしか機能が存在していないかのように議論する傾向が見られる。またデータ収集機能は基本的な属性にすぎず，IRの専門性として政策立案（planning）の支援機能を捉える論調も見られる。確かに2000年代以降の日本国内におけるIRをめぐる議論においては，特にIRの政策立案機能が注目されていることは事実であり，海外の事例紹介においても，たとえばペンシルバニア州立大学など政策立案機能に優れた大学の事例に言及されることが少なくない（第5章参照）。

しかし政策立案機能がなければIRではないのか，と捉え直すと，そもそもデータの収集なくして実証的な政策立案機能は成立し得ないのであり，データの収集と分析をどれだけ着実に実施しているかを最初にIRの現状として捉える必要がある。データ収集はIRにおける必須のプロセスであり，しかし第8章で示されているように，現実には日本国内でも，こうしたデータ収集を適切ないし明確な形で実施しきれていない機関，IRの実施を求められて困惑している部局や教職員が決して少数ではないのである。あるいはまた政策立案を実施するに当たり，何に焦点化すべきかについて検討することが政策立案の前にあるのであって，まさにその論点そのものを析出する作業を行い，その上で政策立案機能やその専門性が改めて問われることになるのだと思われる。IRをめぐる議論，とりわけどのようにIRを導入していくのかに関する議論を進めるにあたっては，こうした国内の現実を踏まえて，IRで求められる機能の水準や対応すべき問題が多様であることを前提としておかねばならないものと考

える。

　本書第2章に記されたIRの発展・研究史でも明らかなように，アメリカにおいてですら，IRはその発展自体がそれぞれの機関の固有の問題や時事的な論点を想定しながらのものであり，多様な背景を踏まえたものである。たとえ特定の機能を重視するとしても，その機能自体がそれぞれの機関固有の問題を基盤として成立するものであることに立ち返ることが肝要であろう。IRそのものの概念を捉えるにあたっては，その点を広く捉えていくことが必要であるように思われる。

2．背景の整理

　2000年代後半になって，日本においてもIRに関する議論が成熟し，また従来から実施されてきた実践の成果が語られるようになった。また中央教育審議会答申においても，職員の資質向上という文脈ではあるが，IRに関わる職員の必要性が語られ，間接的にIRそのものの重要性が認識されるようになっている。なぜこの時期にIRが注目されるようになってきたのであろうか。

　図1-1は現在の日本におけるIRをめぐる議論が生じる背景を示したものである。3つの背景として，認証評価対応，経営改善圧力，そして教育改善圧力が注目されるであろう。

　認証評価対応としては，一般的には第三者ないし外部評価によって自己点検・評価を検証し，また改善点の発見とその改善案の確認が求められている。また国立大学の場合にはいわゆる法人評価にも対応しなければならないという

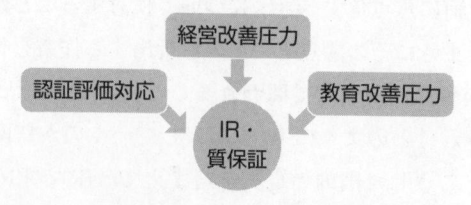

図1-1　日本におけるIR・質保証議論の背景

2000年代の状況が，比較的定型化しやすいデータの収集・分析を行う機能や部局・人材を必要としてきたという経緯を見ることもできるであろう。

経営改善圧力という文脈では，少子化やそれに伴う高等教育のユニバーサル化（とりわけ入学試験の形骸化による変化）の中で，大学のルーティンとされてきた経営機能をデータ分析に基づいて合理化し，またデータに基づいた政策立案を実施していくという機能が求められている点を指摘できる。

同様に教育改善圧力としては，そもそも入学者や学生の経年的変容を検討するためのデータを収集し，現状の教育機能を再評価して，必要に応じて理念と目標を再設定し，学生の認知的・情緒的発達を支援していくことが求められている点が注目される。IRで収集されたデータを分析し，問題点を明らかにすることで，カリキュラム・ポリシーの再検討が行われ，補習教育，初年次教育やキャリア支援の適切な充実が図られることを通じて，IRの成果が蓄積されていくと考えられるのである。

こうした状況をアメリカで見てみると，1970年代の状況と重ねて把握することができるであろう。

1970年代のアメリカにおいて，IRが要請されてきた背景を捉え直すと，現在の日本と同様の3つの背景を読み取ることができる。

学位の質保証としてアクレディテーションが求められ，大学訪問に対する自己評価報告書の作成が求められることになっている。また大学淘汰への対応として経営機能改善，とりわけサラリー分析やリソースの開発をめぐるIR機能が重視されることとなっている。そして，転学が容易なアメリカ高等教育機関においては，上位学年にあがる過程でいかに在籍者数を維持するかが重要な課

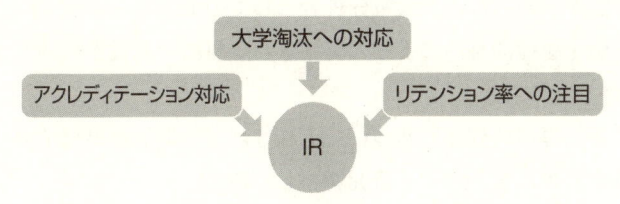

図1-2　1970年代アメリカにおけるIR要請の背景

題となっていることから，学生の満足度が高い大学・学部であることが期待される。それぞれの機能や背景は，個別機関によって重視すべき点が異なってくるとともに，それぞれが絡んでおり，どれか唯一の課題のみに対応し問題点を解決することがIRだというより，機関によって，より重視する機能は異なっていたとしても，基本的にはこうした主に3つの要請の下で，現在のIR実践や研究が進んできたと考えられるのである。

3．IRの機能類型と実際

アメリカでは従来から，IRとは何かという定義の問題に必ずしも拘泥せず，IRにはどのような機能があるのかについてモデルを提示することを通じて，IRに関する理解を深めることが目指されてきた。日本でもVolkwein (1999) やThrope (1999) のモデルが広く紹介されてきた。本稿でも，これらのモデルを確認しつつ，さらに別のアプローチを探ることとしたい。

1）Volkwein (1999) の機能整理4類型

日本でIRが本格的に紹介される過程において，大きく注目されたのが，Volkwein (1999) の4類型である。これは，
①形成的評価・組織的目的によって実施され，キャンパスコミュニティの教化が目指される「情報部局としてのIR」
②形成的評価・専門的観点に基づいて実施され，政策・計画立案のコンサルタント的機能が求められる「政策分析者としてのIR」
③総合的評価・組織的目的によって実施され，組織の支援が目的となりがちな「助言者としてのIR」
④総合的評価・専門的観点に基づいて実施され，分析的な外部アカウンタビリティの機能も果たす「学者・研究者としてのIR」
という内容に整理されているものである。

2) Thrope（1999）の機能整理9類型

　近年，政策立案機能を重視したIR概念を捉えるにあたり，改めて実際にIR部局が実施すべき機能を9つに類型化したのがThrope（1999）である。この9類型は順に，
　　1）　計画策定
　　2）　意思決定
　　3）　政策形成
　　4）　評価活動
　　5）　個別テーマの調査研究
　　6）　データ管理
　　7）　データ分析
　　8）　外部レポート
　　9）　内部レポート
となっている。

　特徴的なのは，この類型をどう捉えるかである。中島（2010）が指摘するように，従来のIR研究では5）から9）までの機能を教育機能改善と絡めて重視する研究と，1）から4）を経営機能改善の文脈で重視する研究とが存在している。また前者では比較的私立大学所属の研究者が多く見られ，後者では国立大学に属する研究者が中核になっている点も指摘できる。

　あるいは5）から9）までを基礎的業務部分，1）から4）までを専門的業務部分として「2階建て構造」（中島2010：123）と捉えることも可能であり，そうした場合，特に私立大学においてどのような機能をどこまで展開すべきか，ないし展開可能なのかといった新たな課題が提起されることになる。

3) Volkwein & LaNasa（1999）の7類型

　Volkwein & LaNasa（1999）はVolkwein（1999）とは別に，具体的IR実践

という観点から7つの機能に類型化している。これは実際にはIRの学術誌である *New Directions for Institutional Research* の特集内容を整理して提示されたものである。

その類型は,
機能1　エンロールメント・マネジメント
機能2　機関の効果・評価・アカウンタビリティ・改善
機能3　学術プログラムと教員
機能4　資源管理
機能5　政策・プランニング・ガバナンス
機能6　IRの理論・実践・倫理
機能7　技術・ツール・スキル

となっており, Thrope（1999）の類型とも異なり, 政策立案機能が7つの機能の中の1つに整理されている。また特にエンロールメント・マネジメント（機能1, 入学者, 在学者の維持・改善のための方策）や教員問題（機能3, 教員の労働や給与をめぐる諸問題）といった日本ではまだ十分IRの課題として捉え切れていない課題が明らかになる点が注目される。

4）Volkwein（1990）の整理

Volkwein（1990）はボストンなどアメリカ東部を中心に組織されているNEAIR（The North East Association for Institutional Research）所属の機関において, 実際にIRとして実施されている機能を, IR部局において集中的に実施されているものと, IR部局だけでなく他の機関と協働して実施されているものを明らかにするために調査をおこなっている。

表1-1はIR部局での対応に集中している機能を順に提示したものである。つまりIR部局固有の機能として実践されてきたものと理解することができるだろう。内容を確認すると, 上位にはデータの外部提供をめぐる機能（6, 5, 8）が集まっており, またエンロールメント・マネジメントも上位にきている点を

3. IRの機能類型と実際

表1-1 NEAIR所属機関において実行されている機能（％） IR部局集約頻度順

		IR部局に集中	他機関と協働	合計
6	データ交換の要請への対応	71	11	82
5	全国調査へのデータ提供	67	18	85
10	キャンパスのファクト・ブックの製作	66	11	77
1	エンロールメント（中退率関連）研究	66	27	93
8	州からのデータ要求への対応	60	21	81
7	カレッジ・ガイドブックに関する調査	58	23	81
4	入学以外の学生の特徴に関するレポート	57	29	86
3	入学データのレポート	52	34	86
12	学位授与に関する統計	49	27	76
11	教職員の労働分析	49	27	76
14	キャンパス全体の課題の調査	48	20	68
9	入学者の予測	47	33	80
15	学生の声の調査	45	23	68
16	環境調査	43	24	67
13	学生の学面での成果に関する調査	37	32	69
17	給与研究	33	31	64

出典：Volkwein (1990:16) を元に作成

確認できる。IR部局の半数が固有の機能としているものの中には学生の成績や意見を把握するための各種調査が含まれている点も読み取ることができる。

一方表1-2はIR部局のみで実施しているというより，IR部局と他の学内機関との連携で調査等が実施されている機能を頻度順に並べたものである。上位には，入学率や入学データ，入学者予測など，おそらくはアドミッションズ・オフィスとの連携によって実施されていると推測される機能，あるいは人事部局との連携で実施されている機能が見られる。本書第3章で取り上げる卒業生をめぐる調査研究もIR部局のみで実施されている場合（29%）とAlumni OfficeとIR部局との連携で実施されている場合（31%）を併せて60%の機関で実施されていることが示されている。

表1-2 NEAIR所属機関において実行されている課題（％） 2 他機関との協働頻度順

		IR部局に集約	他機関と協働	合　計
2	エンロールメント（入学率関連）研究	27	55	82
18	人事統計の作成	12	48	60
20	入学者の予測質的指標レポート	16	42	58
24	予算・費用・財源配分の分析	9	35	44
3	入学データのレポート	52	34	86
9	入学者の予測	47	33	80
13	学生の学習面での成果に関する調査	37	32	69
17	給与研究	33	31	64
19	卒業生研究	29	31	60

出典：Volkwein（1990：16）を元に作成

　以上のように，類型化は種々行われており，それぞれの類型はIRの概要を把握するために有益である。しかし，これらの類型そのものが理念や枠組の点で異なる志向を有しており，いずれか一つをもってIRを理解できるかといえば，必ずしもそうではないように思われる。いずれかの類型でどの機能を特に重視するのかについては，判断する主体側にその判断基準を明確に持っている必要があるように思われる。すなわち，こうした類型化はIR機能が多義的であり，IRについて考慮する場合に，そもそも何を求めてIRを実施・組織化するのかという原理を前提にしていないと，類型化の過程で混乱に巻き込まれる危険性があるということである。

4．暫定的な視点の設定

　以上の機能の類型化の議論や日本におけるIRの議論を前提としつつ，日本においてIRを改めて把握するにあたっては，以下のような捉え方をしてみると良いのではないかと思われる。
　第1の捉え方は，IRの機能を必須・基礎的なものとしての教育データ収集・

4. 暫定的な視点の設定

```
┌─────────────────────┐
│ 必須・基礎的機能       │
│ 教育データ収集・提供   │
└─────────────────────┘
          ↓
┌─────────────────────┐
│ 認証・経営評価対応     │
│ 包括的データ収集・整理 │
└─────────────────────┘
          ↓
┌─────────────────────┐
│ 専門的機能            │
│ 経営データ分析・政策立案│
└─────────────────────┘
```

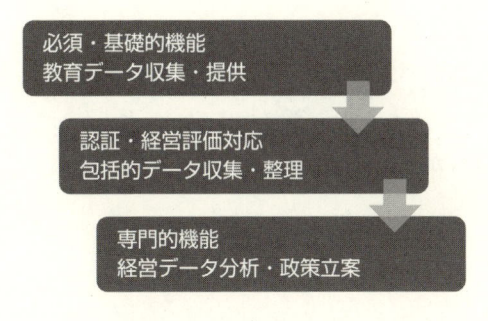

図 1-3　IR の捉え方 1

提供，認証評価対応としての包括的データ収集・整理，そして専門的機能としての経営データ分析・戦略立案と段階に発展していくものとして捉えるというものである（図1-3）。この捉え方の場合，各機関は自らの使命や必要としている課題に応じて，段階的に IR 機能を拡大し，あるいは最低限必要なものを維持していくというプロセスを経ることが可能である。IR に意欲的で必要であるとの判断がなされている機関の場合，いずれの段階の機能も進めていく必要があるだろうし，IR に十分な人的・金銭的資源を投入できない場合には，最低限必要な機能として，教育データないし包括的データの収集だけは実施していくという取り組み方も想定される。

もう一つの捉え方（図1-4）は，教育改善，認証評価改善，経営改善のいずれの目的であっても，まずはデータ収集から開始し，提供，分析，そして戦略立案へと進んでいくという捉え方である。これは具体的課題が何であるかを問

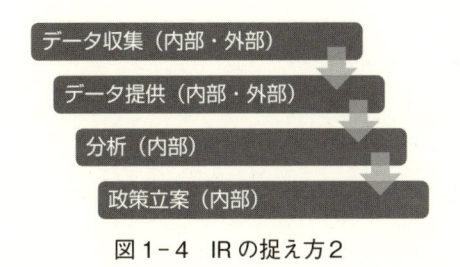

```
┌──────────────────────┐
│ データ収集（内部・外部）│
└──────────────────────┘
          ↓
┌──────────────────────┐
│ データ提供（内部・外部）│
└──────────────────────┘
          ↓
┌──────────────────────┐
│ 分析（内部）          │
└──────────────────────┘
          ↓
┌──────────────────────┐
│ 政策立案（内部）       │
└──────────────────────┘
```

図 1-4　IR の捉え方 2

わず，個別課題を捉えるプロセスを明示化するための捉え方である。それぞれの段階で専門的な技能が求められ，その人材を養成することも必要となる。この捉え方はPDCAサイクルの一部（特にCheckとAction）として認識することが適切である場合が多い（沖2010等）。

5．おわりに

　以上，本章では機能の類型化という観点からIRとは何かについて概観した。上述したように，IRを必要とする機関がそれぞれの視点，判断基準から，必要な程度，必要な問題に焦点を当てて，必要な機能を実施していく，というのがIRの実際のように思われる。基盤となっているデータを収集すること，そのための取組をどう成熟させていくか，またそのために必要となる条件をどう整備していくのかが今後の課題となっているのである。これらの問題についての今後の展望については，改めて本書の最後，第10章で確認してみたい。

【注】
1）　本書末尾資料1でNDIR誌掲載論文の執筆者に焦点をあてて，検討している。

第1部

インスティテューショナル・リサーチの
海外事例研究

第2章

アメリカにおけるIRの歴史と機能観をめぐる論争

1．はじめに

　本章では，インスティテューショナル・リサーチ（IR）の発祥の地であるアメリカのIRの歴史とその機能と課題をめぐる論争に注目することによって，IRがどのような経緯から生まれ，そして発展し，またその歴史が日本にどういった示唆を投げかけるのかについて検討していきたい。

　IRの歴史がどういうものであったのかについてはIRについて考えるうえで重要であることは言うまでもないが，本章の後半で取り上げるIRの機能観をめぐる論争については，IRが急速に拡大した1960年代から現在に至るまで繰り返し言及されるものであり，これは「IRとはなにか」ということについての1つの隘路，あるいはIRの機能の多義性に由来する潜在的な対立として捉えられる。IRの導入やいかにIRを機能させていくかが議論される日本国内の状況においては，この種の論争について認識した上で価値判断をし，対立を表面化させることなく，IRを十全に発展させていくという姿勢が求められる。このためにアメリカのIRが辿ってきた道を顧みるというのは大きな意味を持

つものと思われる。

2. IRの起源

1）先行研究における捉えられ方

　まず，IRの起源について見ていくこととする。IRの起源あるいはその成立過程について考察することは，IRとはいったいなんなのか，あるいはIRをめぐる現在の問題の端緒を知る上で非常に重要となってくる。

　IRの成立に関しては，日本国内の先行研究の幾つかでも言及されている。例えば，青山（2006）は「インスティテューショナル・リサーチの歴史的変遷」として一節を割いてIRの成立と展開について言及しているし，その他にも山田（2004）や小湊・中井（2006）においてもIRの展開について触れられている。しかし，その多くがFincher（1985）の論考を参考にしていることがみてとれる。

　Fincher（1985）は，Thomas Dyer（1978）の論考に依拠し，歴史家たちによってIRが開拓されたとしながらも，より現代的な意味でのIR，すなわち専門的な管理運営機能としてのIRの典型的な例として，1924年にミネソタ大学でカリキュラムや学生の在籍率，カウンセリング，試験の達成度を研究する教育研究に関する委員会が設置されたことを紹介している。この部分が，国内のIRに関する多くの先行研究で引用される形になっている。

　但し，確かにFincherはIRの起源およびその変遷について言及しているものの，実際にはその記述については多くを割いていない。Fincherは科学（Science）としてのIRと技芸（Art）としてのIRを問う前段として，IRの歴史的展開について言及しているに過ぎない[1]。よって，IRの起源やその成立過程をより的確に捉えるためには，より多くの資料に基づき，その記述を多角的に検証していくことが必要である。

2）Cowley による歴史的検討

　IR の歴史についてより詳細に考察している論考としては，Cowley（1960）が挙げられる。その論題である "Two and a half centuries of institutional research" が示すように，Cowley は 18 世紀から現代までに至るおよそ 2 世紀半にも及ぶ IR の潮流について考察を加えている。この論考は，特に IR が "Bureau of Institutional Research" という名の元に組織内に設置されるようになった 1920 年代以前の状況に重点を置いて考察しているという点で貴重なものであるといえる。近年では Saupe（2005）が IR の歴史と発展に関する考察で Cowley に大きく依拠しながら議論を展開させているし，Henry S. Dyer（1966）においても IR の歴史に関する記述で Cowley を引用しているのが確認できる。では，IR が組織化されるに至った経緯やその伏線，背景とは果たしてどのようなものだったのか。

　Cowley は，高等教育における IR を「業務の改善を目的にしてデータを収集する，あるいはしようとするカレッジや大学，その集団に関する事項の調査」と定義した上で，その歴史について考察を行っている（Cowley, 1960：2）。Cowley によれば，IR の起源は 1701 年のイェール大学の設置にまで遡る。イェール大学の設置に際して，当時のハーバード大学の学長であった Increase Mather やその息子である Cotton Mather にアドバイスを求めたことに関して，Cowley は彼らを「アメリカの歴史上最初の教育コンサルタント」として位置づけている（Cowley, 1960：2）。その上でイェール大学の創設者たちが，当時アメリカにあった 2 つのカレッジであるハーバードとウィリアム・アンド・メアリーのように管理機関を 2 つ設置するのではなく（理事会と評議会の設置），スコットランドの大学のように単一の管理機関を設置することを選択したこと，およびその経緯を，アメリカ高等教育における IR の端緒としている。18 世紀の IR の例としてはその他に，ロードアイランドカレッジ（現ブラウン大学）の設置やイェール大学の管理運営・カリキュラムに関する Ezra Stiles の研究が挙げられている（Cowley, 1960：2-3）。

さらに歴史的経緯をたどると，Cowley は最初の機関の自己調査（institutional self-survey）として，1820 年代半ばに行われたハーバードでの研究を取り上げている（Cowley, 1960：4-5）。その例としては 1823 年の「大反乱」と呼ばれる学生の暴動を契機にした George Ticknor による改革が挙げられる。Ticknor らの改革に関しては潮木（1993）に詳述されているように必ずしも成功とは言えない部分もあったが，ここで重要であるのは Ticknor らの改革がハーバードにおける種々の問題から出発しており，自校に対する理解に根ざしたものであったという点にあるだろう。

現在のように教育研究手法や統計的手法等が IR に使用されるようになったのは，1866 年の Frederick A. P. Barnard による 10 大学の入学者数の分析を契機にしているとされている。また，Cowley は 1869 年以降の 40 年間ハーバード大学の学長であった Charles W. Eliot の年次報告に，種々の統計表が記載されているとともに，ハーバードにおける問題が分析されていることから，これをハーバードにおける継続的な IR 活動として位置づけている（Cowley, 1960：6）。加えて，1902 年に始まった A. Lawrence Lowell のハーバードにおける教育改善に関する委員会（Committee on Improving Instruction）における活動や学生の学習時間やクラスサイズなどに関する調査を「アメリカのカレッジや大学によって実施された初めての教授法に関する事実調査」（Cowley, 1960：6）とし，Institutional Research の名を持つ組織がない時期においても，IR と同様のものといえる特筆すべき活動が行われていたことを示している。

さらに，この時期に IR に影響を及ぼしたものとして Cowley は，19 世紀末から 20 世紀初頭にかけた効率性（efficiency）の概念の成熟を挙げている。その影響を示すものとして，1899 年の *Waste in Education* と題された John Dewey と William Rainey Harper の論考や Morris Llewellyn Cooke の 1910 年の *Industrial and Academic Efficiency* と題された論考，William Harvey Allen によるウィスコンシン大学での研究が紹介されている（Cowley, 1960：10-11）。また，その概念は先に挙げたハーバードの Eliot や Committee on Improving Instruction でも意識されていたことが指摘されている。このように効率性の

概念は管理運営だけでなく教育や研究にも影響を及ぼしていたことが確認されるのであるが，この時期のIRを劇的に変化させるような決定的な影響を及ぼしたとは言い切れず，またその後，教育領域においては心理学者や教育学者の流入とともに，この概念は教育の科学や教育における科学運動といった用語に取って代わられていったとされている（Cowley, 1960：12）。

　さて，ではInstitutional Researchという名を持つ組織が設置されたのはいつ頃なのか。Cowleyはさらなる調査によって訂正される可能性について言及しながらも，それは1918年にイリノイ大学においてW. W. ChartersによってBureau of Institutional Researchとして設置されたとしている（Cowley, 1960：13）。この組織は中心的な管理運営を支援する部局として設置されており，その活動の具体的な内容はGriffith（1938）によって，イリノイ大学の経験からのIR担当部局の機能として詳述されている。Griffithによれば，イリノイ大学の当時のBureau of Institutional Researchの活動は，各部局に関するデータの収集から統計的手法を使用した効率性に関する分析というような，現代におけるIRとほぼ同様の活動であったことがわかる。

　イリノイ大学のBureau of Institutional Researchの設置に貢献したW. W. Chartersは，その後オハイオ州立大学のIRに関しても大きく貢献したとされている。オハイオ州立大学には1918年に既にBureau of Educational Researchという学校調査や情報提供を目的とした部局が設置されていたが，W. W. Chartersがその所長として就任した1928年以降に，学力試験や学生数の調査に関する新たな部門を設置し，IRとしての機能を拡張している（Cowley, 1960：14）。

　このオハイオ州立大学におけるBureau of Educational ResearchのようにInstitutional Researchという名が組織名に含まれてはいないが，IRとしての機能・役割を担っていた組織は当時の多くの大学に見られる。先述の通りFincher（1985）が言及しているように，ミネソタ大学では1924年にUniversity Committee on Educational Researchが設置され，その後1949年にBureau of Institutional Researchに改組されている（Saupe 2005：4）。その

他にも，1927年のイェール大学における Department of Personnel Study の設置や同年のミシガン大学における Bureau of University Research などの例が Cowley によって挙げられている（Cowley, 1960：14）。

以上のように，CowleyのIRの定義に従えば，IRは非常に長い歴史のなかに位置づけられる。18世紀におけるIRはカレッジの設置と密接に関係しており，それは比較研究を中心とした組織やシステムといった機関の枠組みを対象としていたといえる。19世紀になると，その活動は学長や特定の個人を中心としている色彩が強いものの，対象の範囲は教授法やカリキュラム等を包含する形で拡大しており，20世紀初頭にハーバード大学における Committee on Improving Instruction やイリノイ大学の Bureau of Institutional Research などのようにIRが組織化されていったといえる。その意味では，IRはその組織化以前から効率性や教育の効果・改善といったものを調査研究の対象としてきており，それらは大学の関心事として自律的改善の枠組みに位置づけられてきたということがいえる。

3．IRをめぐる2つの方向性—Sanford と Russell

1）Sanford の主張と Russell の主張は対置できるか

IRがその対象を拡大させていくにつれて，IRとは何か，IRはどこに向かっていくのかが折に触れて問われている。その多くで対置される形で引用されるのが Nevitt Sanford と John Dale Russell の主張である。当時 Educational Testing Service（ETS）の統括責任者であり，計量心理学の専門家であったとされる Dyer（1966）は，60年代に急速に拡大したIRが多様なテーマを取り扱い，また多様な専門分野あるいは経歴を持つ人材によって実施されていく中で，2つの主張を軸に分極し始めているとして Sanford と Russell の主張を対置させ，考察している。その他にも，Fincher（1985）は，Dyerの議論を批判的に検討する形で Sanford と Russell の議論に触れているし，Terenzini（1993）

はIRとは何かという問いについてその歴史を振り返る中で，まずSanfordとRussellに言及している。これらの論考の中では，SanfordはIRを一連の長期的な，理論ベースの機関の機能及び教育成果に関する研究として主張した論者であるとされる一方で，RussellはIRを実践的で純粋に管理運営に関する問題を扱う研究として主張した論者として紹介されている。また，DyerはAlvin Weinbergの言葉を借りる形で，この対置をdisciplineに方向付けられた者たちとmissionに方向づけられた者たちの分裂として表現している。

しかし，Russellが1960年に既に「IRの目的と組織」と題する論考をまとめ，1965年にニューヨーク大学のIR室の名誉教授兼名誉室長であったのに対して，Sanfordは引用されている1962年の論考の中では，Terenzini (1993) も但し書きをしているように，Institutional Researchという言葉を用いていない。Schietinger (1979) が述べているように，Sanfordが当時心理学及び教育学の教授を担当していたスタンフォード大学においてもIRに積極的な関心が寄せられていたことが確認されるが，それでも論旨が異なるSanfordの議論がなぜRussellと対置されることになったのか。

その伏線はCowley (1960) に引用されているA. Lawrence Lowellの1916年のカールトンカレッジでの演説であるScientific Study of Educationの一節に見られる。LowellがハーバードにおけるIR活動に積極的な貢献を果たしたことは先述したが，彼はそこで教育に関する科学的な知識が他の事象と比較して不足しているという問題意識から，理論の段階 (the stage of theory) から科学的知識 (scientific knowledge) の段階へと移行すべきだと論じたとされている (Cowley, 1960：7)。この引用から全てを判断することは困難であるが，Lowellが政治学者であり，また彼がハーバードのCommittee on Improving Instructionにおいて学生の学習時間やクラスサイズの調査を行っていることを考えると，Lowellの教育研究に関する考え方は理論から一定の距離を置いたものであるということが推察される。このことから考えれば，確かにIRは従来的な教育研究である理論研究とは区別される可能性がある。但し，それはあくまでIRと従来の教育研究が異なるというその区別の可能性が示唆される

のであって，DyerのいうIRの中での理論ベースの研究と実践志向の研究という方向性の違いを十分には説明しない。つまり，IRと理論研究を区別する可能性はうかがえても，それがIRの中で分極することを説明できない。ではなぜIRの中に主張の異なる2つの方向性が見られるようになったのだろうか。

Cowleyは，そもそも初等中等教育に関心を寄せていた心理学者や教育研究者がIRの対象であったカリキュラムや教授法，あるいはその他の問題に取り組み始めた背景として，先の教育に対する科学的なアプローチという潮流の他に，知能テストの発達とカーネギーに代表される財団の支援を受けた研究の影響があったと論じている（Cowley, 1960：12）。これらの財団は，機関研究（institutional study）のために個々のカレッジや大学に必ずしも支援を行ってきたわけではないとしながらも，支援してきた大学間調査や全国調査が，特に1920年代にかけて，教育学者であったミネソタ大学の学長 Lotus D. Coffman やパデュー大学の学長 Edward C. Elliott，あるいは心理学者であったイェール大学の学長 James R. Angell の教育および管理運営研究に対する関心を刺激してきたとしている（Cowley, 1960：12-14）[2]。Angellがカーネギー財団の会長を務めていたこと，およびこれらの大学で教育学や心理学をはじめとした教授陣やその研究を巻き込んでIRの活動や組織の構築が行われていたことからすると，このような状況から20世紀初頭にかけて，教育学研究や心理学研究がIRの中へと組み込まれていったものと考えられる。

このように，Cowleyの議論に従えば，IRの中に教育学者や心理学者が包摂されていく中で，異なった問題意識や方向性もまたIRの中に徐々に取り込まれていった可能性が示唆される。しかし，それは必ずしもDyerのいうIRにおける理論ベースの研究と実践志向の研究への分極を決定的には説明しない。そこで，SanfordとRussellが実際に何を論じていたのかを検討する前に，Dyerが問題意識を抱いた1960年代のIRの状況について以下で整理しておきたい。

2) 1960年代のIRの状況とDyerの問題意識

　Dyer (1966) がその問題意識を抱く1960年代は，IRが急速に拡大した時期である。アメリカの大学はこの時期，入学者数の増加，プログラムとサービスの拡大，高等教育費の増大，管理運営の複雑化といった問題を抱えており，それを受けるような形でIRへの関心を増大させている。その一連の動向は1950年代後半から活発化しており，例えば，1957年にアメリカ教育協議会 (ACE) はカーネギー財団の支援を受け，高等教育に関するデータを構築し，関係者への提供を支援することを目的として統計情報研究室を設置し，そのディレクターであるElmer D. Westは1958年5月より *Reports on Current Institutional Research* を発行し，種々のIRに関連する調査を刺激したといわれている (Doi 1979：35)[3]。また，西部高等教育審議会 (WICHE) は1959年にスタンフォードでIRに関するカンファレンスを開催しているし[4]，南部地域教育委員会 (SREB) も1961年に同様のカンファレンスを開催している。1961年と1962年にはシカゴで全米高等教育協会 (AAHE) の年次大会と併せた招待者限定のIRに関する全国フォーラムが実施されており，1963年にはデトロイトで初めてのオープンフォーラム (The Role of Institutional Research in Planning) が行われている。そのような関心の高まりを受けて，1965年にはIRに関する学会であるAssociation of Institutional Research (AIR) が設立されている。

　このような動向は，Rourke& Brooks (1966) の調査によっても確認されている。Rourke& Brooksは，「Institurional Research」「電子データ処理」「予算」「空間計画と利用」の4つのセクションから

表2-1　IRの拡大（1955-1964）

年	新設校数	設置校数合計
1955	5	15
1956	1	16
1957	6	22
1958	3	25
1959	5	30
1960	16	46
1961	10	56
1962	19	75
1963	19	94
1964	21	115

(Rourke and Brooks 1966, p.46 参照)

なる質問紙調査を実施しているが，そのIRの項目ではIRの担当部局の名称や設置年月日，その機能などに関する22項目について調査を行っている。その調査によれば，1955年から1964年の間のIR担当部局の増加傾向は表2-1の通りである。これをみると，IRの設置校数は1955年以前は10校ほどであったのに，1960年以降新設校数が急増し，1964年時点では合計で115校にIR担当部局が設置されていたことが確認できる。このことからも，1960年代にIRに対する関心が高まっていたことが伺える。

しかし，IRが急激に拡大していく状況の中で，DyerはIRがそのアイデンティティの危機に瀕していると論じている（Dyer 1966：453）。IRは，教育学，社会学，心理学，経済学などといった多様な専門分野を包含し，また，学長や教授だけでなく，教務課や入学事務局等の職員をも含め様々な人材によって担われるようになり，それが扱う内容も費用分析から社会心理学の理論まで非常に多様になっていたという。このような専門分野・人材・関心の多様性によりIRが広範で不定形なものになりつつあるというのが，Dyerが問題の一つとして論じるものである。

さらに，この時期にはIRに対していくつかの批判も見られるようになっていたことは事実である。例えば，Cowley（1960）がIRのResearchが決して統計を使用するものだけを意味するのではないと何度も確認するように論じていることからも，当時のIRが統計的手法を駆使するようになっていたことが推察されるのであるが，IRがデータの収集・利用に密接に関係している点について，そもそも高等教育機関に付随する重要な問題の多くは量的調査・分析の範囲を超えているといった批判がなされている。これはDyerが引用している1964年のLewis B. Mayhewの「教育に関する重要な問題の多くは，価値や態度，個人特性を含んでいるが，この分野において十分に研究された信頼ある指標はほとんどない」（Dyer 1966：458）といった指摘でも確認できる。このような教育研究におけるデータの使用方法や量的処理の問題については繰り返し指摘され，論争されてきたものではあるが，データ利用を中心としたIRの活動についてもこの時期にそのような批判があったことは，1960年代に様々

な状況変化により個々の機関における問題の複雑性が増大していく中で，IRがこれまでのようには機関の管理運営あるいは方針に影響を及ぼさなくなっているのではないかという疑問，あるいはIRの実効性に対する疑問が提起されていたことを示している。

このように，Dyerがその問題意識を持った1960年代のIRの状況は，その拡大とともにIRとは何かという根本的な疑問とIRの実効性に関する疑問が提起されていたことが確認できる。しかし，このような状況を踏まえても，果たしてIRの中でSanfordとRussellというような2つの方向性があったのか，あるいはそれがIRの中で分極し始めていたのかは明らかではない。では，仮にそのような状況があったとしてDyerは一体それの何を問題にしようとしたのだろうか。

Dyerは，機関の維持・運営，設備需要やその予測，資源配分の重要性を指摘した上で，Russellの主張を実践的で純粋に管理運営の問題を扱うことを重視する立場として引用しているが，理論に基づかない運営研究の問題として，定式化されない事実や問いに対してはあまり有効に機能しないということ，またその機関の基本的な目的や価値体系を考慮しないことを指摘している。すなわち，これらの研究は短期的な決定には有効であるが，長期的な展望，あるいは価値判断を伴った決定に際してはあまり有効に機能しないということを問題視している。

一方でDyerは，Sanfordの主張を学生の発達や機関の行動様式に関する理論を形成・検証することを重視する立場として引用しているが，そこには次のような問題があることを指摘している。すなわち，IRがそのような考えに基づいて活動するとき，理論というものが実態からかなりの距離を置いた位置にあるために，実践領域の決定や問題に対して有益かつ実行可能な解を与えることができないということである。また，そのために財団からの支援や資金が得られなかったときにそれらの調査研究は解体される危険性が高いとしている。

このような解釈をもとに，Dyerは2つの視点を統合する必要性を主張し，共通の問題意識のもとにmissionとdisciplineを横断する活動としてIRを定

義することにより，各々の機関の社会的教育的使命とともに，専門分野の発展にも貢献する可能性に言及している。確かに，Dyer の解釈に従えば，短期的な運営研究，および実践領域に示唆を与えない理論研究はそれぞれ，機関の業務を改善する点において問題を抱えているといえる。前者に関しては，短期的には業務の改善を志向しつつも，長期的観点からすれば結果的に状況を悪化させる危険性を含んでいるし，後者はそもそも IR の目的である機関の業務改善に積極的な貢献を果たさない，あるいはそれが容易には確認することができないという問題を含んでいる。

しかし，Dyer の問題意識やその結論を踏まえても依然として疑問として残るのは，理論がどのように IR に貢献し得るのかという問題である。例えば，短期的な実践研究が長期的な決定や価値判断を伴った決定という面で問題を抱えるとして，果たして理論がその欠点を補い得るのか。種々の機関内の問題に対して，理論はどのように作用し，その改善に貢献しうるのか。理論を元にした運営研究とは一体どのようなものであるのか。この点について Dyer の説明は必ずしも十分とはいえず，そのために IR の内部で Sanford の主張がどのような位置を占めているのかを理解することが困難になっていると考えられる。よって，IR における理論の重要性とその作用を理解するためには Sanford の問題意識と主張について検討する必要がある。

3）Sanford の問題意識と主張

Sanford の主張が示されているとされている *The American College* は，John R. Thelin が Frederick Rudolph の『アメリカ大学史』を紹介する際に，Martin A. Trow や Burton R. Clark，Clark Karr の著作とともに「時宜を得たそして恒久的な価値のある著作」(Rudolph 訳書，2003：5) として言及しているように，1960 年代の高等教育研究において注目すべき著作である。Dyer (1966) によれば，IR に関する Sanford の主張はその最終章に述べられている。

Sanford (1962) は，高等教育を依然として科学者を満足させるような系統

的知識が不足している探究領域とした上で,その理論の発展の必要性について,特に学生の人格形成に関する理論と社会環境の中にある機関の構造と機能に関する理論の発展について述べている。そして,理論はそれを利用したときの有効性と利用しなかったときの結果の双方から求められるとし,高等教育に関する研究が経験的観察と並行して理論的探究をせずに増加し続ければ,大量の断片的な事実に圧倒されてしまう危険があるとしている。但し,後者の教育機関の構造と機能に関する考察に関しては,その理論の必要性とともに,巨大な組織としてのカレッジや大学の内部構造に関する知識と実証研究が決定的に不足していると指摘している。すなわち,Sanford は理論を種々の経験的観察を統合する枠組みとして要請しているのであるが,高等教育機関の機能や内部構造に関する研究は理論研究,実証研究ともに不足していることを問題視している。

このような高等教育研究に対する問題意識は Sanford に限った特殊なものではなく,多くの研究者が共有していたものと思われる。例えば,Caplow & McGee (1958) もその冒頭において,他の社会制度としての組織と比べて,大学について社会調査の方法を適用した研究はほとんど見られず,また高等教育に関する一般的な著述も経験的なデータに基づいて議論を行っていないとして,当時の高等教育研究の不在を指摘している。さらに,クラスサイズや教育成果,適性検査などの教育学的問題に関しては多くの研究が見られるが,大学という組織体を自明視している点,そして個々の大学に関する教育問題や管理運営問題については多くの研究が見られるもののそれらは一般化されておらず,また公表されていない点を Caplow & McGee は問題視している (Caplow & McGee, 1958：3)。よって,Sanford と Caplow & McGee は,この当時の高等教育研究の不在とともに,経験的データに基づいた研究の不足,組織や内部構造に対する知識の不足,個々の経験的観察および個々の大学に関する問題の研究を統合・一般化する枠組みの不在を問題意識として共有している。このことは Sanford の問題意識が高等教育に関心を寄せ,高等教育研究に携わる人々のなかで広く共有されていたことを示している。

さて,Sanford は高等教育研究,特に高等教育機関の機能や内部構造に関す

る研究を進展させるために，まずカレッジや大学のプロセスに研究者をより密接に関与させていくことが必要であるとしている。このことは，「標準的な大学は，教授，管理運営者，学生，そして社会調査士（social researcher）によって構成されるようになるだろう」(Sanford, 1962：1013) と表現していることからも，カレッジや大学において研究者および社会調査が果たす役割を重要視していることがうかがえる。その上で，高等教育機関の機能や内部構造および学生の発達に関する長期研究は個人による研究では困難であるという理由から，組織的研究の必要性を指摘している。その組織の一形態として，College Research Department を Sanford は提案している。この組織は，学生の発達に関する理論志向の長期研究を実行し，かつ調査者が大学の機能およびその変化のための条件を理解するのに十分な期間を保障するために設置されるとしている。先に述べたように，Sanford（1962）はその中で Institutional Research という言葉を使用していないが，この College Research Department の設置という主張が IR 担当部局の設置と関係付けられてきたものと考えられる。

　しかし，その一方で Sanford はカレッジや大学のプロセスに対する研究者の関わり方に関して非常に慎重な姿勢を見せている。これは彼が，調査は単に調査の結果が種々の事象を変化させるために適用されるだけでなく，調査活動それ自体が社会的効果を持っていると考えていることに起因している。例えば，調査者自身の価値観により目的や活動自体が方向付けられ，また調査者が変化の動因（agent）として受けとめられたり，そのように機能したりするということが挙げられる。このため，College Research Department は科学的な問いに対して自由に取り組み，また当面の問題に関連する情報を求める本部（host institution）からの要求から自由であり，特定の方針や活動に結び付けられないためにも学内の他の学科・部局から独立したものとして設置されるべきであるとしている。そして，教育の目的と社会科学の最も高次な機能としての合理性の重要性を指摘した上で，教育の問題に対して合理的な解決を見つけようとする共同的試みが大学を統合する一つの基礎であると論じている。

　確かに，このような調査のあり方や研究者の関わり方に関する姿勢と提案

は，IRに対して一定の示唆を与えるものだろう。IRそのものを学内のどこに位置づけるべきか，IR担当者はどのような立場であるべきか，あるいはその価値観をどのように位置づけるかはSanfordによって提起された問題であるだろう。但し，この主張をより的確に理解するためには，それがSanfordの専門的関心や立場といったものに大きく規定されていることを踏まえなければならない。すなわち，Sanfordは教育改善や学生の発達に関する理解，そしてそれを可能にする大学の内部構造や条件については言及しているものの，管理運営そのものについてはほとんど言及していない。このことはSanfordが教育実験授業（experimental educational program）や大学内の実験大学（experimental college）の有効性を提案していることからも，その意識は教育改善に向けられていると考えられるのであり，その中に学内政策や大学における資金の問題があったかといえばそうとは言い切れない部分があるだろう。

ところで，喜多村（1973）は，Dressel（1971）の区別を参考に，アメリカの大学の自己研究をResearch on Higher Education, Institutional Research, Self-Studyの3つに区分しているが，そこでIRとResearch on Higher Educationの関係について次のように述べている。すなわち，「Institutional Researchと高等教育研究（Research on Higher Education）との関係について言えば，まず研究対象は前者が特定の大学ないしは州・地域の個別大学に重点をおくのに対し，後者はよりcomprehensiveな対象を志向し，高等教育に関連する諸問題や問題点を明確化することから出発し，ついでその問題の理解ないしは解決に貢献することを目的とする」（喜多村，1973：25）。また，機能的にみれば，IRは大学教授層が遂行するacademic researchとはおのずから相違があるとしている。このような区別に基づけば，Sanfordの主張はResearch on Higher Educationの枠組みにあるということができるだろう。すなわち，Sanfordの主張するCollege Research Departmentはacademic freedomのもとにその活動が保障されるのであり，その点でacademic researchを志向するものといえる。しかし，その一方でSanfordの主張は，個々の機関が自身の教育改善を志向するときにどのような組織を必要とするのか，そしてその組織で

はどのような活動が行われるべきか，改善はどのように達成されうるのかという問題を提起している。すなわち，特に個別大学における教育改善という点において，Sanford は有益な示唆を与えているということがいえるだろう。

4）Russell の主張の再検討

では，Sanford と対置される Russell の主張の内実はどのようなものだったのだろうか。Russell の主張は Dyer（1962）では，IR を実践的で純粋に管理運営に関する問題を扱う研究として捉えるものとして紹介されている。Terenzini も Dyer を引用する形で，方針や手続きに関する重要な決定に必要な研究を実行し，そしてコスト削減の方法を見出すことを主な目的として作業するものを IR 担当者と定義する論者として Russell を紹介している（Terenzini, 1993：2-3）。

確かに，Dyer が言及する Russell（1965）は，その表題 dollars and cents が示すように，当時の高等教育経費の急増という状況を受け，高等教育における資金問題を取り扱う中で IR の役割について言及している。しかし，Russell が Dyer や Terenzini, Fincher らが紹介するように IR を狭義に捉えていたかというとそうではないというのが事実であろう。実際に Russell の主張を追ってみると，Dyer が引用している 1965 年の論考でも IR をそのように捉えていないばかりか，それ以前の 1960 年の論考では IR を非常に広義に捉えていることがわかる。例えば，Dyer や Terenzini はあたかも Russell が IR の中心的な目的がコスト削減であるかのようにその主張を引用しているが，この主張は機関運営に関する効率性の改善の効果の一つとして Russell が言及しているものであり，またそもそも IR の主要な目的を効率性の改善と定義しているわけではない。このことは，Russell（1960）を見るとさらに明らかである。ここで Russell は IR が取り扱うテーマは非常に広範なものであるとして，その例として 13 の項目を挙げている。すなわち，①学生，②卒業生（校友），③教員，④カリキュラム，⑤教育プログラム，⑥図書館，⑦教材，⑧施設，⑨研究活動，

⑩公共サービス，⑪資金調達，⑫管理運営体制と調整，⑬管理運営方針と手続き，の13項目である。このように高等教育における資金問題は，IRが取り扱うテーマの一つとしてRussellに認識されていたことがわかる。このことから，Russellの主張は矮小化されて捉えられてきたということがいえるだろう。

また，RussellがSanfordと対置されるもう一つの理由として，IR組織の位置づけが挙げられる。Russell (1965) では，IRは運営上の問題 (operational problems) に関する研究を促進し，方針や手続きに関する重要な決定に必要な研究を実行する，学長や副学長直属の組織として説明される。このように高次の管理運営レベル直属の組織とする理由について，次の3つのことを挙げている。第一に，機関に関する必要なデータにアクセスするため，第二に，機関運営のあらゆる段階の問題を広く扱うため，第三に，予算面での支援の必要性を伝えるため，としている。その一方で，活動・改善方針の決定はせず，適切な決定をするための基礎を提供するだけとして，IRの権限を規定している (Russell, 1960：21-22)。

このようなIR組織の位置づけは，Sanfordと比べて非常に実利的であるといえる。しかし，その内実は必ずしもSanfordの主張と異なるというわけではない。例えば，学長直属の組織としながらも活動内容や方針に関する決定に対して一定の距離を置き，適切な決定に資する情報を提供することにIRの活動を限定するRussellの考え方は，学内の学科・部局から独立して合理的な解決を志向するというSanfordの考え方と遠い位置にあるわけではない。また，Russell自身，このようなIR組織の位置づけのもと行われる研究は運営側に方向付けられやすいことを指摘しているが，IR組織内に教員の試問委員会などを設置することなどを例に挙げ，教員からの意見や研究の方向性について意見を求める有用性について言及していることからも，RussellがIRを管理運営側の意見や価値を反映するもの，またはすべきものとして捉えていないことがわかる (Russell, 1960：20)[5]。すなわち，IR組織を高次の管理運営レベル直属の組織とする理由は，あくまでIRの実効性や継続性を保障することを目的としているものと考えられる。

Sanford との類似性は，Russell が IR 担当部局の要件として挙げている事項にも見られる。Russell はその要件として次の6つの項目を挙げている。すなわち，①高等教育の調査・研究を行う能力，②必要のない無意味な研究を繰り返さないための既に実施された調査研究に関する適度な知識，③高等教育に関する一般的な統計データおよび基本情報の情報源に関する深い知識，④調査研究活動のための十分な時間，⑤調査に対する深く根ざした持続的な関心と信頼，⑥教員や管理運営職員を含め，他と協働する協調的精神，である (Russell, 1960：21)。この要件に見られる，先行研究を踏まえて十分な時間とともに協働して高等教育研究を遂行し，知見を蓄積していくという IR 像は，Sanford が描いた College Research Department と類似する点が多い。確かに，Russell は Sanford のように academic freedom をもとにした調査研究を提案しているわけではないが，その IR の考え方は Research on Higher Education と密接な関係にあるといえる。すなわち，Russell は IR を運営上の問題を扱いその問題解決を志向する応用研究としながらも，決して IR を排他的にそうしたものと定義しているわけではなく，「高等教育に関するいくつかの基礎研究は，応用的な IR から生じるもの」(Russell, 1960：19) と論じているように，IR と Research on Higher Education を応答しあうものとして捉えているのである。

5）1960年代における IR の分極の再考

以上のように，Sanford の主張と Russell の主張は必ずしも対極する位置にあるわけではなく，また IR に関して別々の方向性を示すものではないといえるだろう。すなわち，Dyer のように，Sanford が IR を理論志向の研究として捉え，Russell が IR を実践志向の研究として捉えたというのは，Sanford と Russell の主張を理解する上で必ずしも適切とはいえない。むしろ，academic freedom に基づく Research on Higher Education の有効性を指摘する Sanford の主張と，IR と Research on Higher Education の協働を提案する Russell の

主張は，その方向性について分極として捉えられるものではなく，むしろ共有しているものと捉えることすらできるだろう。高等教育研究の不在という問題意識をもとに，自大学を実践と研究が相互依存する場とした上で，そこでの理論の構築と研究の蓄積を訴えた Sanford の主張は，Dyer のように IR を理論構築のための都合の良いデータ源と見なしているとして消極的に捉えられるのではなく，Russell のように IR と Research on Higher Education の応答性を保障するものとして積極的に捉えられるべきだろう。

しかし，一方で Dyer が主張した IR の分極を生産的に解するのであれば，それは 1960 年代の高等教育費の増大などの大学を取り巻く費用の問題と結び付けられるべきだろう。このことは Fincher（1985）の議論により明確に示されている。Fincher は問題と課題の変化として，1970 年代になると，政治的，法的，財政的問題が IR の中心を占め，教育改善やカリキュラム改革に関する調査研究が追いやられていったとし，また理論に方向付けられた調査研究が贅沢（luxury）なものになっていったと論じている（Fincher, 1985：19）。このように，Fincher が財政危機として位置づける 1968 年から 1973 年にかけて IR の関心は，財務予算データや空間利用，入学者予測といった経営的側面へとシフトしていったとされる。このような IR の動向は，Dressel の「IR の基本的な目的は，機関の目的の実現を妨げたり，その過程で必要以上の資源を浪費したりする，欠陥や欠点を見つけるために，機関の機能を深く調査すること」（Dressel, 1971：23）という IR の定義にも反映されているとみることができる。すなわち，この 1971 年の論考で Dressel は IR を Research on Higher Education や Self-Study と区別し，また IR の定義において資源の量（amount of resources）に言及していることから，先述の Cowley や Russell らによる広範な IR の捉え方とは異なり，高等教育の財政危機を反映した大学における効率性の改善という IR の機能を強調していることがうかがえる。

このような動向を踏まえ，Cowley や Russell らによる広範な IR の捉え方を広義の IR，Dressel（1971）に垣間見られ，Fincher が指摘する 1970 年代の高等教育の財政危機を反映した大学の経営的側面への貢献を強調する IR の捉

え方を狭義のIRとして区別するのであれば，Dyerが主張したIRの分極はResearch on Higher Educationと狭義のIRへの分極，あるいは教育改善と管理運営の改善への分極として捉えることができるだろう。そして，このような分極は近年においても評価や資金獲得の圧力と相俟って，解消されることなく存在し続けているといえる。Volkwein(1999)はこの分極を，「学術的文化」対「経営的文化」といった大学における二元性(duality)や，そこから生み出される「生産性」対「成果」，「コストと効率性」対「質と効果」といった緊張関係として描き出している[6]。Volkweinはこの学術的文化の権威は知識に基づくものであるのに対して，経営的文化の権威と責任は地位に基づくものであるとし，前者の活動においては質や効果に高い価値が置かれるのに対し，後者ではよりコストを意識した効率性に高い価値が置かれると論じている。そしてIRはこうした対立的な文化の双方のもとで実施されるとしている (Volkwein, 1999：10)。このVolkweinの論考は，1960年代の高等教育における財政危機によって引き起こされたIRの分極が，1999年においても解消されることなく存在していることを示している。すなわち，Dyerの主張するIRの分極は，当時の状況からより顕在化しつつあった大学に内在する二元的な文化によって引き起こされたものであり，それは現代のIRの機能にまで影響を及ぼすある種決定的なものであったといえる。

　よって，このような大学における二元性や対立をどのように調停していくかが現在のIRの1つの課題となるだろう。SanfordとRussellが主張した理論と実践の応答性を緊張や対立を深めることなく，どのように保障していくのか。これは大学の公共性の議論と密接に関与する論点でもあるが，この種の二元性を乗り越えて，いかに「学術的文化」と「経営的文化」，教育改善と管理運営改善，Research on Higher EducationとIRを協働させていくかがIRに今求められていることであり，これらの判断がIRの実効性を保障し，大学の自律的改善を図っていく条件であるといえるだろう。

4．おわりに

　以上のように，本章ではアメリカの高等教育機関における IR の起源，および IR をめぐる論争について検討してきた。論争については，Dyer(1966)によって捉えられてきた IR の分極を示すとされる 2 つの主張，すなわち Sanford と Russell の主張を検討することにより，必ずしもこの 2 人の主張が分極を示すものとは言い切れず，また，Sanford の主張は，Russell が提案する IR と Research on Higher Education の応答性を保障するものとして積極的に捉えられるべきであることを示した。その一方で，Dyer の IR の分極に係わる問題意識は，1960 年代を中心とした高等教育における財政危機の影響を色濃く反映した，大学の経営的側面への IR の関心のシフトを示す狭義の IR と Research on Higher Education の分極，あるいは「学術的文化」対「経営的文化」といった大学の二元性から生み出される，教育改善と管理運営改善を中心とした「質と効果」の改善を主張する立場と，「コストと効率性」の改善を主張する立場の分極として説明されることを示した。また，このような対立と分極が現在においても未だ解消されること無く存在しており，IR の歴史において決定的な意味を持つとともに，それを乗り越えていかに種々の営為を協働させていくかが，今 IR に求められる方向性であることを論じた。

　得られた示唆としては次のことが挙げられる。まず，日本国内の高等教育研究の動向に照らし合わせてみると，近年その内部においてミクロ・ミドルレベルの研究の不在が批判されている。つまり，ミクロレベルの授業分析や FD，あるいはミドルレベルの管理運営研究や財務分析は，マクロレベルのシステムや制度・政策に対する関心に比べると，それほど大きな関心が向けられず，また研究の蓄積とその共有もされてこなかったとされる。このことは，依然として Sanford の主張するような実践と研究が応答しあい，教育の理論を構築するような Research on Higher Education としての研究も，Dressel が定義するような経営的側面に焦点を当てる IR としての研究も，未だ発展段階である

ということを示しているだろう。但し，近年ではこのような問題意識のもと，Sanfordの主張する教育実験授業に類似する大学教育の臨床的研究として公開実験授業などを実施している大学も見られるようになっており，その点ではこれらの研究が推進され，Research on Higher EducationとIRをともに発展させていくことが期待される。

　また，IRの実効性の観点からすると，冒頭に述べたように，近年日本においても種々の大学改革や大学経営環境の変化によりIRの果たす機能や役割について注目が集まり，一部の大学では日本版IRともいうべき組織が学内に設置され，データ管理やその分析とともに学内の計画策定や評価活動の支援を行っているとされている。しかし，その一方で小湊・中井も指摘しているように，その体制の多くが既存の大学教育センターが教育改善に関連する活動を担当するのに対し，IR組織は外部評価対応，管理運営改善業務といったアドミニストレーション機能を担う分業体制となっている（小湊・中井，2006：245）。このような現状に対し，IR組織と既存の大学教育センターとの緊密な連携の必要性が指摘されるが，それに対してIRの分極に関して得られた認識は次のような示唆を与える。すなわち，「学術的文化」対「経営的文化」という根本的な学内文化の対立が表面化する状況におけるIRの活動について，その対立を調停あるいは解消する方法は明確には述べられてはいないものの，Russell（1960）もDyer（1966）もFincher（1985）もVolkwein（1999）も方向性としてほぼ同じ見解を示している。RussellがIR組織に教員の委員会を組み込むなどして多様な意見を反映させることを提案したように，Dyerはdisciplineに方向づけられた研究とmissionに方向づけられた研究を横断する活動としてIRを考えることを提案している。Fincherも政策に関連付けられた調査研究だけでなく，理論に関連付けられた調査研究により積極的な姿勢をもって取り組む必要性について言及しており，VolkweinはIRを目的と役割から4つのタイプに分けた上で，その4つのタイプの目的と役割を全て，つまり情報管理，政策分析，情報発信，研究活動を果たすことがIRに求められるとしている。このような見解からは，Research on Higher Educationを志向しての大学教育センターと

分業化された狭義のIRの協働ということだけでなく，IRをより広い枠組みで捉え，学内の営為を広く協働させていくことがわが国のIRの発展という点で課題であるとともに，広義のIRが大学の自律的改善とわが国の高等教育全体の改善の双方に寄与する上で重要であると考える。

今後の課題としては次のことが挙げられる。第一に，アメリカにおけるResearch on Higher EducationとIRとSelf-Studyの区別について検証することである。本章では，この区別について喜多村（1973）が参照しているDressel（1971）に基づいて議論を展開してきた。しかし，この区別が1970年代の状況に即したものである可能性があるとともに，それぞれがどのような歴史的背景を持ち，展開してきたかについては十分に考察できなかった。よって，Research on Higher EducationやSelf-studyの役割や展開についても，更なる資料をもとにして多角的に検討することが必要である。

第二に，特定の機関におけるIRの展開についての検討が挙げられる。本章では，あくまでアメリカの高等教育機関という広い対象の中でIRの歴史的変遷とIRに関する論争や対立を取り扱ってきた。しかし，実際にIRが個別の大学に対してどのような影響を及ぼし，またどのような成果を収めてきたのか，あるいはIRとResearch on Higher Educationはどのように応答し，互いを発展させてきたのかという点は，IRの効果や有効性を検証する上で非常に重要な課題であり，検討の余地が残されているといえる。このため，特定の大学の自校史や年次レポートなどの分析を通じて，特定の機関におけるIRの実効性について検証していく必要がある。

【注】

1) Fincherは科学の要素として理論的基礎，研究方法，経験的知見の3要素，技芸の要素として方法の高度化，基準と規範，効果（影響）の3要素から，IRの当時の状況を整理している。詳細はFincher（1985）を参照されたい。
2) 財団のIRに対する影響については，Dyer（1966）も機関の自己研究（Institutional self-study）のための資金供給が急速に拡大したと指摘していることから，その影響が大きいものであったことが推察できる。

3）ここでいう IR に関連する調査としては，1958 年の SREB による南部諸州における IR に関する調査，1958 年の WICHE の Hall Sprague による西部諸州における IR に関する調査，1959 年の W. Hugh Stickler（フロリダ州立大学）による国有地交付大学および州立大学を対象とした IR に関する調査，1961 年の B. Lamar Johnson による西部 13 州のジュニアカレッジを対象とした IR に関する調査，1961 年の NEBHE によるニューイングランド地方の大学を対象とした IR に関する調査などが挙げられる。それらの詳細については岡田（2009）を参照されたい。

4）このカンファレンスの内容をまとめたものが，Cowley（1960）が所収されている College Self-Study : Lectures on Institutional Research であり，Saupe（2005）が指摘しているように self-study と institutional research という 2 つの語が使用されている点が非常に興味深い点である。この点について Saupe はこれは近代的な IR 活動がアクレディテーションを目的とした自己研究を基にしていることを指摘しているが，この関係性については今後検討していきたい。

5）Russell は IR 担当者を必ずしも職員が担当するものとしてイメージしていたわけではなく，あくまで教員と職員の協働の中に IR および Office of Institutional Research の活動を位置づけている。このことは，IR の 4 つの組織形態として，①通常一回，あるいは長い間隔を経て行う包括的な機関の自己研究，②何人かの正職員に対する調査研究に対する小さな責任の冗長な割り当て，③ IR に関する教員の委員会，④大学の中央管理運営組織の一部としての IR 室―を挙げていることからも，Office of Institutional Research の設置により，職員の調査に対する一定の責任を高めうるとしながらも，調査を「支援」するためにとして職員の必要性に言及していることからも推察される。

6）Volkwein（1999）は IR に関係する中等後教育機関における対立する圧力として，「内部」対「外部」，「学術的文化」対「経営的文化」，「機関としての役割」対「専門職の役割」という 3 つの二元性を挙げている。このような二元性が生み出す緊張として「大学の自律性，公的アカウンタビリティ，政府による規制」「アクセス，卓越性，アカウンタビリティ」「生産性対成果」「費用と効率性対質と効果」「内的改善のための評価対外的アカウンタビリティのための評価」という 5 つの緊張関係を描いている。

第3章

インスティテューショナル・リサーチにおけるAlumni Research
－アメリカの大学における卒業生分析を手がかりに－

1．はじめに

　国立大学の法人化や大学のユニバーサル化のもと，様々な形で大学間の競争激化を背景に，大学の資金源の一つとしてこの数年，寄付金が注目されている。こうした状況下，産業界とのコラボレーションを通じた大学経営研究（小林 2007；2008），国内外の実践事例を通じたファンドレイジングの研究（清水 1987, 山田 2003, 丸山 2006, 田中 2006, 島 2006, 山田 2007b），寄付金に関する口頭発表（戸村 2010）等，寄付金を通じた卒業生あるいは校友組織に関する研究が増加している。

　さらに認証評価制度の導入や高等教育の国際化のもと，教育の質保証をささえる三つのポリシーやアウトカム・アセスメントを背景に様々な調査手法の導入が盛んである。代表的な全国調査としては，歴史，規模，そして継続性に特色を持つJCIRPによる全国大学生調査（山田 2009），学生調査，教員調査や企業調査をミックスさせた金子らによる調査（金子 2008）などがあげられる。

　また就職氷河期，あるいはリーマンショック後のさらなる景気の悪化のもと，

大学と社会との接続や教育と職業のレリバンスに関する研究もまた注目されている。こうした状況下，大学生の就職に関する卒業生調査は，主に労働セクター寄りの研究者や，キャリアセンターや就職課関連の部局による単独調査，あるいは就業力に関する調査等，卒業後のキャリアに主な焦点が置かれる形で行われてきた（日本労働研究機構 1992, 苅谷 1994, 吉本 2010）。

　こうした研究・実践においてベースとなるのが卒業生の組織化であり，分析を進めるための具体的な手段の中心となるのが卒業生調査である。ただ国内の卒業生の組織化や同窓会に関する研究は先に触れた通り寄付金の観点に偏っており，卒業生の組織化を通じた教育改善や広報政策等寄付金以外の研究を探すことは難しい。さらに現状におけるアウトカム・アセスメントは学生調査を利用するものがほとんどであり，卒業生調査をその中心に据えるものは目立っているとは言えない。先に取り上げた通り日本における大規模卒業生調査は職業的レリバンスをはかるもの，あるいは就職力との関係からさぐるものが中心的であり，教育の質保証に特化した卒業生調査は現状では必ずしも多くない。そこで本稿では，既にインスティテューショナル・リサーチ（IR）の一分野として Alumni Research（卒業生分析）が根付いているアメリカの大学やカレッジの事例を通じて，日本の Alumni Research，さらには IR における今後の研究・実践につながる知見を探ってみたい。

　一口に卒業生や校友組織の分析と言ってもそこにはいくつかの段階・領域といったものがあることが分かっている。アメリカのカレッジや大学においては，大学の誕生以来，大学生とその卒業生の関係（Alumni Relations）が確立して行く時代，つまり卒業生の組織化や同窓会組織の形成がなされる時代があった（江原 2009）。その後，卒業生の組織化，大学やカレッジの近代化に伴い，卒業生そのものを研究（Alumni Studies）していく動きが盛んになり，全国規模の卒業生調査（Alumni Survey）が実施されるようになった（江原 2010）。こうして卒業生と大学との関係が確立し，卒業生に関する研究が成熟して行く傍ら，当時急速に発展していた IR の文脈に当該機関の卒業生に関する戦略的分析が導入され，卒業生分析（Alumni Research）として今日に至る発展を遂げた。本

稿にて取り上げる段階・領域は，この卒業生分析である。

日本の高等教育において卒業生や校友組織に関する研究・実践は必ずしも中心的位置を示してきたわけではないこともあり，本稿で使用する用語・訳語には日本の大学ではなじみの薄いものも散見される。以下は筆者が2010年6月に開催された日本比較教育学会第46回大会にて発表した際に使用した卒業生分析に関する用語表を再編したものである（下表参照）。

卒業生，校友，同窓生	Alumni
卒業生との関係，校友行政	Alumni Relations
卒業生研究	Alumni Studies
卒業生分析	Alumni Research
卒業生調査	Alumni Survey
同窓会（組織），校友会	Alumni Association
同窓会（行事）	Alumni Reunion

上記のうち特に「卒業生」に関する使い分けは，いわゆる一般的な意味の「卒業生」に対し，大学との関連の中で一定の目的を持って活動する，あるいは何らかの意図の元に組織化された「卒業生」について「校友」や「同窓生」と呼称する。卒業生組織に関しては，卒業生自身によって自然発生的に組織化された一般的な卒業生組織を「同窓会」とし，大学側の主導によって大学側の利害関係を重視して組織化されるものを「校友会」と呼称する。既存の卒業生組織は，本稿同様の使い分けをしているものもあればそうではないものも当然存在するので，固有名詞に関しては現状に合わせている。行事としての「同窓会」については使い分けが難しいので文脈に応じて明示する。

Alumni StudiesとAlumni Researchの日本語訳については，Higher Education Studiesを「高等教育研究」と訳すことに倣い，Alumni Studiesについては「卒業生研究」とし，Alumni Researchについては「卒業生分析」をあてる。Alumni Surveyを「卒業生調査」とするのは，Student Surveyを「学生調査」とすることに倣っている。さらに詳細な用語・訳語の語義については

拙稿を確認いただきたい（江原 2010）。

2．卒業生分析の成長

1）1988 年の NDIR 特集号の意義

アメリカの大学やカレッジにおいて，およそ 1930 年前後に卒業生の組織化が確立し，1980 年前後には卒業生に関する研究が成熟した。その一方でアメリカの高等教育の大衆化に並行して各高等教育機関の IR も進化を深めていた。そうした環境下，「基礎研究」としての卒業生研究（Alumni Studies）を，IR の切り口から実践・応用した卒業生分析（Alumni Research）が発展したのは，ある意味では必然と言えるかもしれない。IR の全米学会組織である The Association for Institutional Research（AIR）の研究誌である *New Directions for Institutional Research*（NDIR）の 1988 年の特集で卒業生分析が取り上げられたのはその象徴と言えよう（Melchiori 1988）。もちろんこれまでにも各機関において大なり小なり卒業生分析に類する実践は行われてはいた。ただ *Journal of Higher Education* や *Research in Higher Education* といった主要なアメリカの高等教育研究誌においても主だってほとんど取り上げられることのなかった卒業生に関する研究を，まとまった特集として始めて取り上げた本号は，アメリカの高等教育研究の歴史の中でも画期的であったのみならず，IR の枠組みから卒業生に関する分析を取り上げたという点も特筆すべき点であった。

2）特集号の詳細

1988 年の NDIR の特集号では編集担当者のジャリンダ・メルチオリがまず "*Alumni Research : An Introduction*" として，卒業生分析（Alumni Research）について自身の見解をまとめる（Melchiori 1988a : 5-11）。メルチオリは，これ

までの卒業生分析に似た先行研究して(1)プログラム評価や効果測定,(2)リテンションの研究,(3)教育効果測定やインパクトモデル研究の3分野における研究を上げ,その上でこれらは校友や卒業生を「消費者」としてのみ捉えており,メルチオリが考える「卒業生分析」とは異なる研究であるとする(Melchiori 1988a：9)。メルチオリによる「卒業生分析」の定義は,「提供者としての卒業生の潜在的な行動誘因をより完全に理解するために,生活を通じて卒業生を理解し,生涯人口統計,個人的な性向,経歴情報に焦点を当てる過程」というもので,校友や卒業生を「提供者」として捉える点で先行研究との違いを強調している(Melchiori 1988a：9-10)。確かに教育効果測定やインパクトモデル研究を「消費者」的と捉えるなど,現在の視点から見ればメルチオリの主張は偏っているとも言える。だがここで重要な点はメルチオリの解釈ではなく,元来の高等教育研究者ではないメルチオリ(当時ミシガン大学開発部局の事務局長代理)が,アドミニストレーター,もしくはIR担当者の立場から本特集をまとめたという点である。

　ケイ・メイヴズは,マネジメント管理面から校友の情報管理システムの計画的な構築の必要性を取り上げる(Maves 1988：13-23)。例えば,校友システム構築に当たっては,高度な情報収集以前に,まず社会保障番号(SSN)や住所,電話番号,氏名,生年月日などの「基本情報」をそろえることが重要である。なぜなら,卒業生の情報はいったん失われてしまうと,ほとんどの場合追跡不可能だからである。そのため,校友情報管理において必要に応じて既存情報の確認を行い,正確な情報の維持に努めることは非常に重要なのである(Maves 1988：15-16)。

　シェリル・スザディは校友情報管理システム構築におけるデータ処理方法について詳細な分析を行っている(Szady 1988：39-50)。スザディによると,Alumni Researchの基本となる分析データ作成に際しては,(1)入力の際のカテゴリー分類,(2)入力データ分野の選択,(3)入力に際する検証確認,(4)暫定的な記録,(5)サンプリング,(6)研究目的に合わせた分類,を考慮に入れて作成することが求められる(Szady 1988：40-43)。さらにデータ分析に際

しては，データセット分析，分類分析，プロファイリング，ランキング等の分析手法によって校友データ分析を編成することを推奨している（Szady 1988：43-45）。

マーガレット・フィッシャーは，「1986年ミシガン大学卒業生調査」を担当した経験を活かして，卒業生調査の実施，計画の効果的な運営について検討している（Fisher 1988：25-38）。フィッシャーは，(1) 調査報告の対象先による政治的配慮，(2) ランダムサンプリングの際のSASやSPSSといった市販ソフトの利用，(3) 電話調査と郵送調査の使い分け，(4) 質問表や調査パッケージのデザイン，(5) 達成可能な計画や予算の策定，などを卒業生調査の重要事項としてあげている（Fisher 1988：25-38）。

編者のメルチオリは卒業生分析を寄付金の効果的な募集に実践する方法について検討している（Melchiori 1988b：51-65）。メルチオリは戦略的な寄付金募集に際して，(1) プランニング，(2) 校友全体のマーケティング分析，(3) 選抜された潜在的寄付者のさらなるマーケティング分析，(4) コスト分析と予算計画などを導入して，戦略的でありつつも現実的な卒業生分析の適用を勧める。その際にIR担当者と寄付金募集担当者が，合同で計画・運営を行うことを提唱している（Melchiori 1988b：61-65）。

モデンとウィリフォードは，オハイオ大学での経験を下に，卒業生分析をカレッジや大学におけるカリキュラム作成，学生募集，ファンドレイジングなどに利用する有用性を検討している。モデンとウィリフォードも卒業生分析の際にはIR部局やその他の部局の連携が重要であると指摘している（Moden and Williford 1988：67-76）。

ジョン・ダンは当時まだ成長段階にあった卒業生分析における検討課題について，具体的に様々な取り組み方法を述べている（Dunn 1988：77-87）。例えばダンは，分析を進める際には単に卒業生分析のみの視点に立つのではなく，IRの基盤に立った卒業生分析との比較対象などを行い，分析の視野を広げることを提唱している（Dunn 1988：80）。これはIRの枠組みを卒業生や校友組織の研究に適用したメリットのうちのひとつである。

3．卒業生分析

1）卒業生分析を通じたアウトカム・アセスメント

　1980年代以降，高等教育の大衆化や情報化に並行してアメリカのカレッジや大学においてIRが進化を続けていたが，その動きに合わせるように卒業生分析も進化を続けた。ここからは，卒業生分析の主要分野として，アセスメント，校友行政，寄付金戦略に分けて取りあげてみたい。

　1991年，ジョセフ・ペティットは，それまでの卒業生研究を概観し，アメリカのカレッジや大学の卒業生調査を通じた教育効果測定の歴史を振り返っている（Pettit 1991：1-10）。その中でペティットは「標準卒業生調査」の代表として，The American College Testing Service（ACT），The National Center for Higher Education Management Systems（NCHEMS）and The College Board，そしてThe Higher Education Research Institute（HERI）の3種類を挙げている（Pettit 1991：5-6）。

　ゲイリー・パイクは1988年にテネシー大学ノックスビル校にて四年生調査を受けた学生に対し，その2年後の1990年にさらに卒業生調査を重ねて実施し，その比較検討から教育効果に関する分析を行う（Pike 1993：23-40）。パイクはその1年後の論文で，卒業生の労働経験と学生時の経験の関連を調査し，現在の労働環境に満足している卒業生ほど，在学時に受けた教育について満足を示す傾向があることも明らかにしている（Pike 1994：105-123）。

　卒業生分析を通じたカレッジや大学の教育効果の測定はさらに発展し，1995年にはデビッド・ハートマンとサンドラ・シュミットが消費者満足度調査の枠組みから教育効果測定を検討している（Hartman and Schmidt 1995：197-217）。ハートマンとシュミットの分析は，卒業生の在学時の教育に対する満足度が母校に対する満足度に影響を与えていることを明らかにしている。

　アン・マリー・デラニーは専門学位修士課程における卒業生調査を通じて，

教育効果測定に加えてコースやプログラムの効果測定までも含む包括的な効果測定を分析する。デラニーはさらに本分析の学内における位置づけに言及し，本調査結果はコースやプログラム改革のみならず，認証評価対応に利用されていることを述べている（Delaney 1997b：241-264）。

前述のペティットとラリー・リットゥンを編者として，NDIR で2度目の卒業生分析特集が組まれたのが 1999 年である（Pettit 1999）。その中でジョセフ・ホウエイとデニス・ガードナーは，ノース・キャロライナ州立大学における卒業生調査と雇用主調査を比較検討し，そこから得られた知見をカレッジや学部における運営管理計画，効果測定，カリキュラム開発，学生満足などに適用することを検討している（Hoey and Gardner 1999：43-59）。

マイケル・マグワイヤとジェイソン・ケイシーは，教育効果測定調査指標をアカウンタビリティの側面から利用することを検討しており，具体的には学士課程を卒業した直後には多くの場合学生や親が期待しているような職種や収入は得られないことを挙げている（McGuire and Casey 1999：81-99）。

2003 年，カレン・バウアーとジョアン・ベネットは，クラーク・カーやアーネスト・ボイヤーの学士課程教育に関する論考を踏まえ，学士課程における研究経験と教育経験の関係について分析している。バウアーとベネットは，デラウェア大学の 1998 年の春学期の 2,444 人の卒業者に対して卒業生調査を実施し，学士課程時代の研究経験が教育効果に寄与することを示している（Bauer and Bennett 2003：210-230）。

さらにダネット・ジョンソンは，アレクサンダー・アスティンや，パスカレラ&テレンジーニによるインパクトモデルやピーター・イーウェルの付加価値モデルをベースに，在学時の経験と卒業後の態度の関係について効果測定を行っており，大学在学中の経験は大学入学以前の経験以上に卒業後の態度に影響を与えていることを示している（Johnson 2004：169-185）。

2) 卒業生分析を通じた校友行政

前述したペティットとリットゥンの編集による1999年のNDIRの特集号は，"A New Era of Alumni Research : Improving Institutional Performance and Better Serving Alumni" と題し，大学と卒業生との関係に卒業生分析の視点を広げている。

ジェロルド・ピアソンはスタンフォード大学における自らの4年間の校友行政を通じた経験から卒業生分析について検討している。まず，学生課，校友課，募金課などの連携がうまくいくとファンドレイジングは成功の可能性が高まる (Pearson 1999：7)。さらにスタンフォード大学の場合，独立組織であった同窓会運営を大学直属の校友会に組織改編したことで基金運営が円滑になったことを明らかにする。さらにピアソンは内部組織的に言えば，大学や学部からの要請よりは学科からの要請のほうが募金は集まりやすいことなどを明らかにする (Pearson 1999：7-11)。スタンフォード大学におけるこうした取組の成果は，1993年には25パーセントのみであった学士課程卒業者の寄付率が，4年後の1997年には34パーセントに向上していることによって立証されている。

ジョセフ・コリンズとウィリアム・ヘットとダイアナ・ストレインジは，マサチューセッツ工科大学の校友会の運営管理と寄付金戦略の両面における具体的な改善策について検討している。マサチューセッツ工科大学は多くの大学の例にもれず，基金担当部局と校友行政担当部局が分かれていたが，1988年に適切な校友行政と効果的な基金運営を目指して両部局を統合した。統合部局を中心に卒業生調査を校友行政の効果測定に利用し，さらに寄付金戦略の効果測定にまで適用した。その結果，その後の10年間でマサチューセッツ工科大学の寄付募集運営は着実に効果をあげた (Collins, Hecht, and Strange 1999：23-41)。

ユコ・マルゲッタとスコット・ナッシュ，スーザン・マーフィはコーネル大学において，教育効果と校友行政を並行して改善する「コーネル・トラディション・プログラム」を検討する。

寄付金戦略において校友は重要だが，どのようにして母校の寄付金戦略に適

応した校友を育てるのか，その答えのひとつが「コーネル・トラディション」なのである。「コーネル・トラディション」はコーネル大学における奨学金プログラムのひとつだが，特筆すべきはその規模とコンセプトである。「コーネル・トラディション」の対象学生数は600人でこれはコーネル大学全体の5パーセントを占める。そのコンセプトはアスティンのI-E-OモデルをI変形したI-C-E-Oモデルと呼ばれ，「C」は母校へのコミットメント（Commitment）を意味し，I, E, O, それぞれの段階において母校であるコーネル大学へのコミットメントを求めるのである。さらにマルゲッタとナッシュとマーフィは「コーネル・トラディション」についてロジットモデルを利用して効果測定を行い，その効果を証明する（Mulugetta, Nash, and Murphy 1999：69-80）。

　「Development」という単語は，学生支援課在籍者には「学生の成長や発達」に聞こえるが，基金課や校友課に在籍する者には「寄付募集」としか理解できないという興味深い比較から論を始めるタラ・シンガーとアーロン・ヒューエイは，校友会と現役学生の連携による学生支援を提唱している。その具体例としてシンガーとヒューエイは，校友による学生募集支援，校友による入学選抜，校友の入学オリエンテーション参加，校友によるキャリア支援，ホームカミングやリユニオン，コミュニティサービスや学級参加などを挙げている。たしかにこれらの活動は半世紀以上さかのぼる卒業生の組織化の過程で，既にアメリカのカレッジや大学の校友行政を通じて行われていた諸活動ではある（江原 2009）。ただ並行してシンガーとヒューエイは，「学生校友組織（Student Alumni Organization）」の組織化による学生と校友の関係強化という新たな発想による校友行政の発展を目指している点が斬新である（Singer and Hughey 2002：57-61）。

3）卒業生分析を通じた寄付金戦略

　NDIRの最初の卒業生特集の編者であるメルチオリが自ら取り上げたファンドレイジング（寄付金戦略）の研究は，その後現在に至るまでの20年間，卒業

生分析の中心的なテーマとなっている。

　フレッド・マエルとブレイク・アシュフォースは，組織論の観点からOID (Organizational Identification) モデルによって，母校のプレステージや，校友雑誌の講読，学生時代の経験が，その後の寄付行動などの校友と母校の関係に影響を与えていることを明らかにした (Mael and Ashforth 1992：103-123)。

　トーマス・ウィレメイン，アニル・ゴイヤル，マーク・ヴァン・デヴン，そしてインダプリート・タクラルは，同窓会，卒業年次，対象年度の情報を組み合わせた寄付活動の影響をプリンストン大学の事例を通じて研究する。彼らのモデルはシンプルながらも，年度ごとにおよそ80％の寄付金について説明がつく事を明らかにしている (Willemain, Goyal, Deven, and Thukral 1994：609-629)。

　ウェスリー・リンダルとクリストファー・ウィンシップは，ノースウェスタン大学の140,000人の校友データをもとに，ロジットモデルによる高額寄付者予測を研究した。リンダルとウィンシップの研究によれば，例えば過去に低い金額の寄付を行った経験のある寄付者が，将来的に多額の寄付（1万ドル以上）を行う可能性は非常に低いことが分かる (Lindahl and Winship 1994：729-743)。

　アルトン・テイラーとジョセフ・マーティンは，判別関数分析を用いてカーネギー分類による公立第一種研究大学の卒業生371人の調査をもとに寄付活動の人口統計分析を行い，寄付活動の有無，寄付金額の高低などの特徴を分析し，その予測確率は中程度から高程度の間である事が明らかになった。例えば寄付活動を行うかどうかを分ける決定的な因子としてテイラーとマーティンが挙げるのは，「家族の収入」，「経済援助の必要性」，「校友雑誌の購読歴」，「卒業制作への参加」，「趣味のグループ」，そして「母校への校友としての参加」などである (Taylor and Martin, Jr. 1995：283-302)。

　アルバート・オクナデとロバート・バールは，カーネギー分類による大規模研究大学のビジネススクールの1955年から1991年の卒業生における寄付活動の決定要因分析を行った。オクナデとバールは，本分析の知見の多くは先行研究と同様の結果であることを明らかにした。一方で本分析から得られた独特の

知見として,「潜在的寄付者は,自らの母校を人に推薦する」,「関係者に寄付者を持つ人は,自らも寄付者になりやすい」などを挙げている (Okunade and Berl 1997：201-214)。

オクナデやバールと同様の決定要因分析には,ブレンダン・カニンガムとカーレナ・コシ・フィカーノが教育支援審議会 (The Council for Aid to Education：CAE) の持つデータベースとピーターソン高等教育研究ディヴィジョンの持つデータベースの統合分析による寄付行動分析や (Cunningham and Cochi-Ficano 2002：540-569),クリストファー・スミスとロナルド・エレンバーグによる私立研究大学の年次寄付の収入と支出の決定要因分析 (Smith and Ehrenberg 2003：67-79) が挙げられる。

ダニエル・ジャーディンはニューヨーク州立大学システムのビンガムトン大学の2002年春における校友データベースに存在する75,973人の情報を利用して,地理情報システム (GIS) による校友の寄付活動の地理的分析を行い,GISデータを高等教育機関のPR戦略の基本データとすることを提唱する。例えば,寄付金募集のキャンペーンを企画した場合,「どこで開催するのか」を決定することが最も重要となるが,これは簡単な問題ではない。本分析によって,GISデータはこうした難しい問題を解決する糸口のひとつとして非常に重要な手段となることが明らかにされた (Jardine 2003：77-89)。

デビッド・ウィーツとジャスティン・ロンカは,ある研究大学の2,400人の校友について,母校に寄付を行う校友,母校にボランティアを提供する校友,母校に寄付とボランティアの両方を行う校友,母校に対して何も行わない校友の四分類を行い,ロジットモデルを利用してプロファイル分析を行っている。高額寄付者の多くは卒業後しばらく経った経験豊富で社会的な地位を確立した卒業生であるというプロファイルは,先行研究や寄付募集担当経験を持つ者にとってある意味常識的である。一方で本調査による興味深い知見として,ウィーツとロンカは,高額寄付者の大学時代のパフォーマンスは非寄付者とほとんど変わらないことを明らかにした (Weerts and Ronca 2007：20-34)。

4）その他の卒業生分析

卒業生分析が成長を始めた 1980 年代には，卒業生調査に関するメタ研究も現れた。ケリー・スミスとトゥルーディ・バーズは，1987 年，卒業生調査の郵送方法による回収率と費用に関する分析を発表した。スミスとバーズの分析は，ディルマンのトータル・デザイン・メソッドという調査方法をベースに行われた。結果明らかになった知見としては，例えば切手を貼った封筒を同封したり，サインを入れたりといった込み入った手法は，労力や手間の割には一般的に思われているほどの効果は挙げていないということであった。それよりはむしろフォローアップの方がより効率的に効果をあげる手法であり，はがきを先に送った上で反応があった者に対して封入物による郵送調査を行うといったやり方の効果が上がるということが明らかになった（Smith and Bers 1987：218-225）。

ジュディス・ボウザーは質問票のデザインによる回収率の分析を行った。ボウザーの分析では，質問票を片面印刷にするかそれとも両面印刷にするか，ホチキス留めにするか見開き形式にするか，大きいサイズにするか小さいサイズにするかなど，デザイン面から回答率の差異を求めるが，結果的にそこにはほとんど差異が見られないという身もふたもない結論が得られた。ただボウザーの分析を契機にして間接的に明らかになった知見として，質問項目の内容が全く同じであるならば，単なるタイピング印刷もコンピューターデザイン（現在で言うワープロ印刷）による印刷も変わらない回答率が得られる。それによってコンピューターデザインで効率的に質問項目を質問票に配列することから質問票の分量が小さくなり，結果的に郵送コストを節約できると言う副産物的効果が挙げられる（Boser 1990）。

その後 2004 年には情報技術の進化に合わせて，ポール・アンバックは卒業生調査について，従来型の郵送による調査形式と，インターネットによる調査形式の比較検討による回収率実験を行った。その結果，郵送とインターネットの間に回収率において有意の差は見られないという意外な結果に終わった

(Umbach 2004：1-7)。

4．おわりに

　アメリカのカレッジや大学の卒業生や校友組織の研究の歴史を振り返ると，1636年のハーバードの創始に始まり，1821年ウィリアムズ・カレッジに初めての同窓会が結成されて以来1930年代に至る校友行政（Alumni Relations）が成長し確立する時代があった。そして卒業生の組織化が終了して以降1970年代に至る卒業生研究（Alumni Studies）の基礎研究としての発展と成熟を経て，1980年代以来現在に至る中，卒業生分析（Alumni Research）が応用研究・実践として多種多様な進化を遂げている。IRの発展と軌を一にした卒業生分析の発展は現代の我々に様々な視野と示唆を与えている。本稿を通じて明らかになった通り，卒業生分析は寄付金の募集方法の分析にのみに限られるわけではない。それどころか，現在実践的に応用・実施されている卒業生分析の多くは，多くの研究者による基礎研究としての卒業生研究の広く深い知見の数々と，それを可能とした長い年月をかけた卒業生の組織化の歴史が基盤となっていることによって成立している。卒業生分析にあたっては，そうした先行研究・実践に今一度目を向けて，上滑りの無い分析を心がけて行きたい。

第4章

私立大学におけるインスティテューショナル・リサーチ構築に向けての検討

1．はじめに

　高等教育機関のインスティテューショナル・リサーチ（IR）は，20世紀の半ば過ぎにアメリカで専門職として発生し，今日までの発展を見てきている。いっぽうわが国においては，ここ数年の間に，とりわけ学生調査の分野を中心としながら教学を通じてインスティテューショナル・リサーチというものが徐々に知られはじめ，個別機関における実戦も始まっている。高等教育界ではIRという略称も定着しつつあるように見える。

　本稿では，アメリカの高等教育における発展の跡を追うとともに，日本の高等教育機関におけるインスティテューショナル・リサーチの構築の可能性について，とりわけ私立大学を視野に入れつつ検討する。

2. インスティテューショナル・リサーチの成立と機能

インスティテューショナル・リサーチとはなにかという厳密な定義は，アメリカにおいても何人かのIRの実践者や研究者によって試みられているが，IRに関心を持つ人々を常に納得させるような説得的な定義はいまだに成立していないようである（Peterson, 1999）。これはひとつには，IRに求められる機能が高等教育を取り巻く環境の変化にともなって変遷しており，したがって果たすべき責務の内容が定常的に定まっていないためであると考えられる。そこでここでは，「IRとは高等教育機関の内部で行われるリサーチで，機関の将来計画，方針策定，意思決定を支える情報を提供するものである」（Saupe, 1981）というごく概略的な定義を示すにとどめ，Peterson（1999）による1950年代から90年代にかけてのIRの成立とその後の機能変化を高等教育の歴史と関連づけた整理を参照しておきたい。

1950〜60年代：高等教育の拡大期

この時期，第二次世界大戦後の高等教育に対する政府による財政支援の増加を背景に，学生数が飛躍的に増加した。高等教育機関を運営する側としては，巨大化する組織の進むべき方向性を示す必要があった。このとき，機関の管理運営の過程として開発されたものがIRである。黎明期のIRには，データ収集や分析の機能への大きな期待はなかったが，60年代になると適格認定のための自己研究（self study）を遂行するうえで，自機関に関する統計データを集め解析する機能の重要性が高まった。

1970年代：高等教育の低成長期

60年代末までの高等教育バブルがはじけ，70年代の景気低迷期にはいると，高等教育機関には資源の効率的獲得と有効活用に資することが求められるようになった。また，ベトナム戦争の影響もあって，高等教育機関の，政策的組織

としての側面が強調されるようにもなり，同時に州立大学に対する政治の影響力も大きくなった。この頃，アメリカ教育協議会（ACE）が，大学院に焦点を絞った，機関ごとの信望調査を行ったこともあって，IRにも個別機関の信望を高めることに資することが求められるようになり，定量的な評価への需要や，他機関との比較に対する関心が高まった。

1980年代：引き続く低成長期

80年代に入っても，経済状況と人口動態には大きな変化は起きなかった。また，営利大学という新たな競争相手も擡頭してきた。80年代半ばまでには，既存の管理運営体制の改善やマーケティング，効率化を進めることよりもむしろ，従前の目的や優先順位を見直し，高等教育業界のニッチを狙った教育の供給ができるような戦略的組織としての側面が強調されるようになっていた。IRに求められる機能としての分析や比較の重要性が高くなり，また将来計画や政策分析の機能も負うようになった。

1990年代：「知識産業」としての高等教育

80年代後半からのトレンドは90年代に入っても続いた。そのなかで，Study Group on the Conditions of Excellence in American Higher Educationが1984年に発表した*Involvement in Learning*において，学生の学習の達成度に対する期待が表明され，高等教育機関にはその達成を評価することが求められた。Petersonはこのレポートの影響を認めている。IRには，これまでの政策分析などの機能に加えパフォーマンス計測の機能が求められるようになった。その機能を果たすため，IRにおいては定性的な情報が重視されるようになってきたとされている。

このように見てくると，70年代までには，IRの，データ収集およびデータの解析を行う機能の重要性が確立されたと考えてよいだろう。80年代以降はそれに加えて将来計画やパフォーマンス計測など，データの解釈および応用が必要となるような機能を負うようになっていると考えられる。

では，21世紀に入ってからのIRの機能はどのような変化を遂げているのだろうか。表4-1は，2008年に，アクレディテーションの実践者が，外部の関係機関の立場から，高等教育機関が適格認定を受ける際のIRの機能を，伝統的なものと新たなものに分けて述べた内容を対比させて示したものである（Brittingham et. al, 2008）。適格認定を受ける作業という限定された局面での機能ではあるが，この表からは，2000年代に入って以降もそれまでのトレンドを継承して，戦略立案の機能が重視され続けていることが知れる。初期には統計データを以て機関の意志決定を援助する存在であったIRに，主体的な判断の能力が具備され，またIR担当者に影響力の大きな判断を任せる機関が多くなる傾向が近年に至るまで続いていると考えられる。じっさいに，たとえば適格認定の実務において，IR部局の責任者が，アクレディテーション団体との連絡窓口であるアクレディテーション・リエゾン・オフィサー（AOL）の任務を負ったり，あるいはAOLの任務は学務担当副学長が負う場合でも，自己研

表4-1 IRに期待される機能の変遷

伝統的なIRの機能	新しいIRの機能
●学内の自己研究チームに加わる	●自己研究チームの既存データの理解を支援する
●評価の種類ごとに提出データの様式を管理する	●大学による「成功」の定義を支援する
●自己研究チームに既存のデータを提供する	●自己研究チームによる評価者の期待の理解を支援し，データを整備する
●評価のために新たなデータ収集をする	●自己研究チームが「マイナスの事実」に価値を見いだせるよう支援する
●評価訪問団のためのデータ集をイントラネット上に構築する	●大学による学生の学習の評価を支援する
	●評価訪問団の報告書を読んで，大学の「証拠の提示」が有効だったか検討する
	●評価団体からの通知を読んで次の計画につなげる
	●一般に公表すべきデータの選定を支援する

出典：Brittingham et. al, 2008 より作成

究の遂行において責任ある立場に立ったりするということはしばしばある。また，機関規模の適格認定の可否を決定するアクレディテーション団体の委員会の席に出席する，大学側の代表者の中にIR部局の責任者が含まれるケースも少なくない。

以上のように，高等教育機関を取り巻く状況の変化によって，IRに求められる機能は時代を追うとともに変化していることが見てとれる。また，高等教育機関を取り巻く状況は，時間とともに変化しうるものであると共に，同時代にあっても機関ごとにも異なりうるものでもある。このように，それぞれの時代において個別機関ごとに特有の「機関の将来計画，方針策定，意思決定を支える情報」を提供することを期待されているというIRの特質こそ，発祥の国アメリカにおいてそのことばの定義を困難にしている理由であろう。

同様のことは日本でも起きている。「インスティテューショナル・リサーチ」という語をいかに日本語訳するかという問題には答えが出しにくい。

たとえば，2008年8月，私学高等教育研究所は，山田礼子・同志社大学社会学部教授・教育開発センター所長，沖清豪・早稲田大学文学学術院准教授，鳥居朋子・鹿児島大学教育学部准教授（肩書きはいずれも当時）と筆者とを講師として，「高等教育の新しい側面―IRの役割と期待」という公開講演会を開催した。その際に，会場で議論になったトピックのひとつが，IRをいかに和訳するかという問題であった。理解しやすい日本語訳はないのかという問いに対し，講師は無理に訳さないほうが実際的であると答えている（日本私立大学協会附置私学高等教育研究所，2009）。

表4-2 IRの日本語訳案

機関調査／大学マーケティング調査／大学統計調査／教育環境調査／組織調査／組織研究／組織的分析・評価／大学情報分析／経営情報分析／教育活動の分析評価／大学戦略企画／大学改革支援／大学評価・運営支援／教育政策研究／組織的研究／部局探査／教育改革／学生教育研究／教育環境情報／大学シンクタンク／その他／（訳さなくてもよい）

出典：進研アド（2009）

また，表4-2には，雑誌 Between が行った読者アンケートのなかで,「インスティテューショナル・リサーチ」の訳語として提案された語の例を列挙した（進研アド，2009）。51人の大学の教職員が回答したアンケートにおいて少なくとも20種類の語が候補として挙げられていることからも，定訳が困難であることが推察できる。また，やや穿ちすぎかもしれないが，各機関において自覚されている問題の所在の違いや，個別機関における職責の差異にもとづく問題関心の違いによって，IR に期待される機能が異なることも，この翻訳案の多様性に影響しているようにも思われる。

3．データの重要性

前節で見てきたように，アメリカにおいてはIR に期待される機能は変化しつつあるが，70年代以降の大まかな流れとしては，高等教育機関に関するデータの収集・解析から，データの解釈および現在及び将来に予想される問題に対する戦略立案に向かう展開が求められているか，あるいは少なくともそのような展開が必要であると，IR担当者が自覚していると考えてよいだろう。

しかしこのような機能変化のなかにあって見逃せないのは，いまだデータは重要であるという事実であろう。すでに見てきたようにIR担当者を単なる統計屋さん（bean counter）と捉えるような発想はすでに過去のものになっているようだが（Terkla, 2008），しかし組織に関する決定をするにあたって，蓄積されたデータを活用することの有効性は否定されたわけではない。むしろ，データの解釈に基づく戦略立案は，データの収集や解析をなおざりにしては不可能であり，より精緻な戦略立案を行うために，収集するデータの規模の拡大や精度の向上も求められるであろう。

データを扱う能力の重要性を示す一例として，図4-1 に，Hughes による高等教育機関の管理運営における意思決定の過程のモデルを掲げた（Hughes and Miller, 1983）。この図にも見られるように，組織のなかで問題が特定されたとき，その問題の解決策を探るためには「データの収集」という「最初の必須の」段

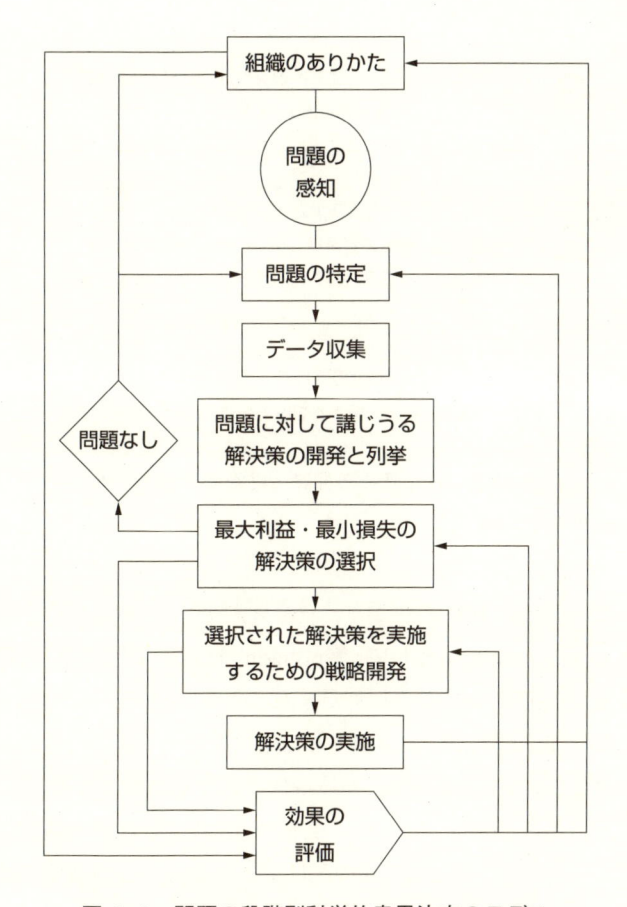

```
         ┌─────────────────┐
    ┌───▶│  組織のありかた  │◀───┐
    │    └─────────────────┘    │
    │           │               │
    │        ┌─────┐            │
    │        │問題の│            │
    │        │ 感知 │            │
    │        └─────┘            │
    │           │               │
    │    ┌─────────────┐        │
    │    │  問題の特定  │◀───┐   │
    │    └─────────────┘    │   │
    │           │           │   │
    │    ┌─────────────┐    │   │
    │    │ データ収集   │    │   │
    │    └─────────────┘    │   │
    │           │           │   │
    │    ┌──────────────┐   │   │
    │    │問題に対して講じうる│  │   │
    │    │解決策の開発と列挙│   │   │
    │    └──────────────┘   │   │
  ┌───┐         │           │   │
  │問題│◀───────┤           │   │
  │なし│        │           │   │
  └───┘ ┌──────────────┐    │   │
        │最大利益・最小損失の│◀──┤   │
        │ 解決策の選択  │    │   │
        └──────────────┘    │   │
               │            │   │
        ┌──────────────┐    │   │
        │選択された解決策を実施│  │   │
        │するための戦略開発│   │   │
        └──────────────┘    │   │
               │            │   │
        ┌─────────────┐     │   │
        │ 解決策の実施 │     │   │
        └─────────────┘     │   │
               │            │   │
        ┌─────────┐         │   │
        │  効果の  │─────────┴───┘
        │  評価    │
        └─────────┘
```

図4-1　問題の段階別科学的意思決定のモデル

出典：Hughes and Miller, 1983

階を踏むことが，「科学的な」意思決定のプロセスに求められる（Hughes and Miller, 1983）という考えには説得力がある。したがって，専門職として「機関の将来計画，方針策定，意思決定を支える情報を提供する」という基本的な機能を果たす上で，データを扱う能力は，高等教育機関を取り巻く環境の変化によらず，半世紀にわたるIRの歴史の中で常にIR担当者に求め続けられてき

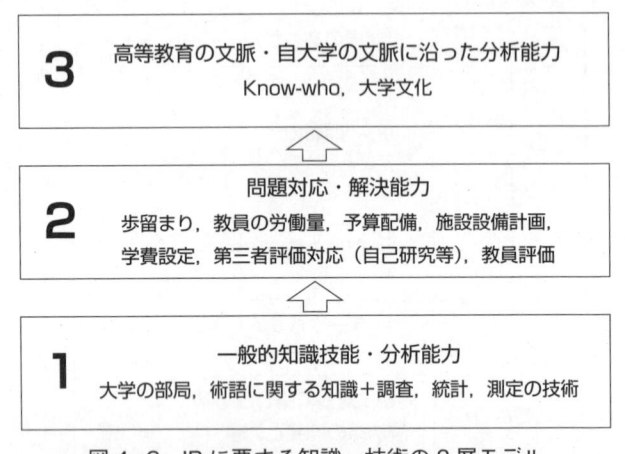

60 第4章 私立大学におけるインスティテューショナル・リサーチ構築に向けての検討

```
┌─────────────────────────────────────────┐
│ 3   高等教育の文脈・自大学の文脈に沿った分析能力  │
│     Know-who，大学文化                    │
└─────────────────────────────────────────┘
                    ⇧
┌─────────────────────────────────────────┐
│ 2   問題対応・解決能力                      │
│     歩留まり，教員の労働量，予算配備，施設設備計画， │
│     学費設定，第三者評価対応（自己研究等），教員評価 │
└─────────────────────────────────────────┘
                    ⇧
┌─────────────────────────────────────────┐
│ 1   一般的知識技能・分析能力                  │
│     大学の部局，術語に関する知識＋調査，統計，測定の技術 │
└─────────────────────────────────────────┘
```

図4-2 IRに要する知識・技術の3層モデル

出典：Terenzini, 1993 より作成

ているものである。

 そのことの証左のひとつとして，Terenzini（1993）による，IR担当者に求められる3層の能力を挙げることができる。図4-2はTerenziniがIRの遂行のために必要な知識および技術を整理した結果をモデル化したものである。

 Terenziniは，これら3層の知識と技術は「等しく重要である」としており，かつ下層の知識と技術を持つことが，上層の能力および技術の獲得の前提となると述べている。以下，Terenziniの説によりながら，この3層の能力について見てゆくことにする。

第1層：一般的知識技能・分析能力

 第1層に属する知識としては，大学の実態に関する一般的な知識が挙げられている。たとえばIRの対象となる組織や実体（学生，教員，会計，施設設備など）や，高等教育機関で使われる術語（パートタイム学生とフルタイム学生，人生初の入学者，単位数，授業時間，学年，人種，人事，俸給表など）に関する知識や，基本的な数値計算のルールと方法（フルタイム相当学生数および教員数，建物の床面積，

学生-教員比，1単位あたりのコスト）に関する知識のほか，高等教育機関のデータファイルについて，その構造や，その中で使われている略称，コード化の方法，ファイルの新規作成と既存ファイルの保持などに関する知識が求められている。それとともに，調査を設計する技術，標本抽出の技術，統計や計測の技術のほか，定性的調査（インタビュー，フォーカス・グループ調査，参与観察，事例研究など）や，学生数予測，教員の労働量分析，職員数の妥当性の分析，学生の流動のモデル化，授業評価分析の技術もこの層に含まれる。さらに，文献調査，事象の統合的理解，口頭および文書でのコミュニケーション能力や，基本的な高等教育機関の組織運営の構造についての知識，そして SPSS や SAS などの統計ソフトを使用する能力も求められる。

第2層：問題解決・分析能力

　第2層に属する知識としては，高等教育機関およびその管理運営者が直面する意思決定において重要性を帯びる知識が求められている。たとえば学生数の決定，資源の分配および再分配，施設設備の計画と維持運営，授業料の決定，給与の決定，課程レベルおよび機関レベルの将来計画，自己研究，財源の開発と使途決定，教員評価などに関する知識が挙げられている。さらに，最も重要な要件として，高等教育機関がどのように機能しており，どのように意思決定がなされているかということに関する理解が挙げられている。

第3層：高等教育の文脈・自大学の文脈に沿った分析能力

　第3層では，個別高等教育機関の文脈に沿った理解の力と，高等教育全体の文脈の仲での理解の力が求められる。自分の属する高等教育機関がどのように運営されているかということに対する知識に加え，特定の問題に関する各部局および管理運営部門での中心人物は誰かという知識も含まれる。同様に，学外の様々なレベルにおいて，自機関を取り巻く環境に関する知識も求められる。

　これら Terenzini の3層の能力のうち，第1層では基本的なデータの収集と

解析のための能力が求められ，第2層でそれらデータの解釈と利用の能力が求められている。IRにおいては，データそのものとデータを扱う能力が中心的な機能を果たしていることが確認できる。

4．日本の私立大学におけるIRの可能性

いっぽう，日本におけるIRの展開の可能性を考えるとき，とりわけ私立大学には，Terenziniの3層モデルを1層-2層-3層と追ってゆくよりも効率的な方策があるように思える。そもそもTerenziniの3層モデルは，大学院生ないし高等教育の実務経験のない人材を，専門職としてのIR担当者へと教育・訓練することを想定して整理されたものであると考えられる。ところがわが国の高等教育機関，とくに私立大学には，ひとつの大学に長期に亘って勤務して，これらの3層に示されているような知識や技術の多くをすでに習得している人材が多く存在しているのではないだろうか。とりわけ，第1層に分類されている能力のうち，知識として挙げられている要件はほぼすべて，私立大学の職員ならば数年間のOJTによって身につけることができるであろう。また，第3層に属する分析能力の元になる知識も，機関内の人事異動等を経て習得することが可能である。ことに，自機関の文脈に関する知識の獲得という点においては，機関間の転属を繰り返す国立（大学法人）や，ある種の公立（大学法人）である高等教育機関の職員よりも利点が大きいといえる。

すなわち，ここで指摘したいのは，わが国の私立大学の職員は，Terenziniの3層モデルのうち，第1層の半分と，第3層の重要な部分を，OJTによってすでに身につけている可能性があるということである。また，仮にこの3層モデルにのっとってIR担当者を養成するとすれば，すでに高等教育機関に勤務している職員が，前節でその重要性を述べたデータを扱う技術を習得することに効率性が見いだせるということである。この技術は，OJTだけでは習得が困難であることが見込まれるため，とくに機会を設けて教育を受ける必要があろう。そのためには研修や講習を利用する必要があるが，もっとも大学とい

う職場環境では，その教育は「すぐ近くで行われているのである」(Seymour, 1993)。

　また，第1層に分類されている調査の実施のうち，とくに学生調査に関しては，わが国においてもすでに多機関での共通指標による実態調査が遂行されている。徐々にではあるが，環境を整備する試みははじまっている。

　では，第2層に分類されている能力についてはどのように考えられるだろうか。第2層の能力，すなわち収集し解析したデータの解釈とそれを利用した将来計画や戦略立案の能力も，OJTだけでは獲得することは困難であろう。しかし，ここで問題になるのは，たとえば第1層のデータを扱う技術と同じように，OJTのほかにとくに機会を設けて第2層の能力を獲得したとして，その能力を機関内で十全に発揮する機会があるかどうかということである。この問題は，現職職員の再教育によるIR人材の養成だけでなく，新規採用の大学院修了者の場合にも同様に発生する。つまり，問われているのは，日本の私立大学に，高等教育の管理運営の専門家が発言する場はあるかという問いである。

　そもそも高等教育機関のIRは，機能が果たされていれば必ずしも特定の部署は必要ないのではないかという議論については別稿に譲るが(森, 2009)，仮に特定のIR部局やIR担当者が配置されたとしても，私立大学に限っていえば，大規模大学の場合ならば教学に関しては教授会が強大な決定権を有していることが指摘されている (OECD, 2009)。また，第2層に例示されている項目には，わが国においては高等教育機関が自発的に決定できないもの（学生数など）や実質的に自発的な決定が難しいもの（授業料など）が含まれている。そのような環境にあって，専門職としてのIR担当者が，たとえばデータの収集・解析・解釈に基づいて，教授会の決定に影響力を及ぼすことが可能か否かは，単にIRだけの問題ではなく，わが国の高等教育機関のあり方そのものに関する問題でもある。また，大学設置基準や認証評価などのチャンネルを通じた国によるコントロールにいかに対応するかという戦略を含めた，IRのありかたの模索も必要かも知れない。

5．おわりに

　本章では，アメリカの高等教育機関における IR の成立と，IR 担当者に求められる能力の変遷について整理し，データを扱う能力の重要性を指摘した上で日本の私立大学における IR 人材養成の可能性について検討を加えた。日米においては高等教育機関の成立や統制のメカニズムが異なっているため，アメリカにおける IR の発展の軌跡を後追いしようとすることにはあまり意味がないし，仮にそうしたとしても無駄が多いことは推測できる。アメリカの先行例は参照できるが，日本の IR には将来に亘って独自の発展の可能性があることを銘記すべきであろう。そのとき，IR 部局は高等教育機関内において存在すべきだから創設するというたぐいのものではなく，高等教育機関内にあって IR の機能が必要な場所にはすでにそのような機能は発生しているか胚胎しており，機関に求められることはそれらの機能を組織内で顕在化することであり，人材を含めた機能の育成をはかることが重要であると思われる。

　　［付記］　本章は，日本私立大学協会附置私学高等教育研究所（2011）『高等教育における IR（Institutional Research）の役割』私学高等教育研究所，pp.15-24 掲載の同名論文を一部修正の上再掲するものである。

第5章

アメリカの事例にみる類型化
－担当者養成と政策立案機能から－

1．はじめに

　日本におけるインスティテューショナル・リサーチ（IR）導入の議論においてしばしば問題となるのが，その業務を担当すべき職員を養成すること，およびその業務を担当すべき部局を設置することの困難さの指摘である。とりわけ中規模ないし小規模の私立大学において，IRの業務に習熟した職員を新たに雇用したり既存の職員にその業務遂行に必要な能力を高めるような研修を行うこと，あるいはその機能に特化した部局を設定し，専門性の高い職員を配置して，企画立案業務に従事することが可能となる大学は決して多くはない。理念として「養成すべきだ」「設置すべきだ」とは言えても，現状の職員の技量や意識，そしてすでに過剰となりつつある業務の適正配置・分担を踏まえると，部局を設置し，相応の人材を配置し，有効な活動を進めていくためには，現状の制約を把握し，対応策を模索していくことが必要であろう。
　これまでの海外におけるIR実践の研究・報告においては，優れた実践例が紹介されることが多かった。モデルとなる実践例を研究することは制度導入初

期において必須の作業であるが，今後IRを平均的な日本の大学に導入するに当たって，どのような制約を意識し，克服していくべきなのかについてが，次の段階における検討課題となっている。

とりわけ情報収集に基づいた大学の政策立案（planning）機能をどう捉えるべきなのかは先導的な研究者の間でも議論が煮詰まっていないように思われる。第1章で言及した類型で考えると，経営改善機能を中核に位置づけて議論する場合には政策立案機能が視野に入っている場合が少なくないのに対して，教育機能改善に関しては，まずはデータの収集と分析を優先し，改善のための立案は必ずしも重視されてきているわけではない。さらには認証評価対応が重視される場合には政策立案機能が意識される事例は少数に留まっている。

今後IRを日本の大学，とりわけ中規模以下の私立大学に考えていくにあたり，先行モデルとなる諸外国の事例とともに，各国の平均的な状況も視野にいれて検討していく必要があるように思われる。

もちろん，教育機能改善，経営機能改善，そして認証評価対応という3種の目的を網羅的に，かつ単一の部局で対応しようとするのであれば，その部局にどのような技量を有する人材をどの程度充てる必要があるのかが強く問われることになる。

以上のような状況において具体的に問われるのは三つの視点である。第一に，IR機能を果たすべき人材はどのような力量を有する必要があるのか，そしてその力量の基盤としてどのような研修がなされているのか，すなわち「担当者として求められる資質」である。第二に，機能別にどの程度の規模を有する部局が必要となるのかという経験的情報である。これらの情報を踏まえて，第三に，そもそも部局が設置されたとして，期待されるすべての機能に対応できるのか，あるいは対応すべきなのかという問いが設定される。これらの問いは結果的に，日本で現在IR導入にあたって重視すべきとの議論が高まっている政策企画機能について捉え直すことに繋がるものと思われる。

以上の三つの視点を中心に，アメリカの2大学の事例に基づいて，若干の考察を加えてみたい。具体的にはペンシルバニア州立大学とフロリダ州立大学の

事例を参考にして，日本への示唆を考えてみたい[1]。

　ペンシルバニア州立大学は，ペンシルバニア州内外に20以上のキャンパスを有しており，ペンシルバニア州中央部のUniversity Parkにあるメインキャンパスを含め，全学で9万人程度の学生が在籍している。一方フルタイムのスタッフが2万3千人強で，その中でアカデミックスタッフに分類されているのが5,639名という人員構成を擁している。それに対して，フロリダ州立大学は，フロリダ州のタラハシをメインキャンパスとし，他に11か所のキャンパスを有するが，多くの学生がメインキャンパスで学んでいる。学生は全キャンパスで4万1千人ほど，フルタイムのスタッフが6千人強で，ファカルティが1,800人というような状況であり，両大学とも日本の大学と比較して大規模な大学と位置づけられる。

　注目されるのは両大学とも学部修了後レベルでIR担当者（IRer）の養成プログラムが提供されていることである。本章では，まずこの養成プログラムについて概観し，担当者として求められる知識・技能を確認する。次に，両大学のIR担当部局を整理し，そこで実施されている機能を踏まえて，アメリカにおけるIRの多様性と共通性を確認する。それらを踏まえて，日本で今後IR部局を導入していくにあたっての示唆を得ることを目指すこととしたい。

2．IR機能を果たすべき人材の養成

　まず，ペンシルバニア州立大学，フロリダ州立大学の場合に，その人材養成を行っていく，その基盤となっている部局がどこに位置づけられているかを確認したい。

　ペンシルバニア州立大学には教育学部とそれに併設される形で高等教育研究センター（Center for the Study in Higher Education）が置かれている。このセンター内で提供される学部修了後レベルの教育プログラムの一つが，IR担当者養成のプログラムである。本大学では，修士課程と博士課程において高等教育研究の研究者・実践者養成プログラムが提供されるとともに，修士課程レベ

ルで学生支援担当者養成プログラムが提供されており，さらにそれに併設される形でIR担当者養成のcertificateプログラムが提供されている。このプログラムの修了要件は18クレジットであり，修士課程修了の半分程度の分量の履修が想定されている。

　一方フロリダ州立大学の場合には，教育学部リーダーシップと政策研究学科（Department of Educational Leadership and Policy Studies）の下で，その中でIR担当者養成のプログラムが提供されている。本大学の場合，修士課程レベルで学生支援に関する学位取得プログラム，大学経営やアドミニストレーションを学ぶ修士課程のプログラム，および高等教育の財務等に焦点を当てたプログラムが提供されており，一部の選択科目はこうしたプログラムの科目から選択することになる。IR担当者養成のプログラムの修了要件は18クレジットとなっており，この点ではペンシルバニア州立大学の事例と同様である。

　なお，授業内容は全て修士レベル相当の(500番台)科目を履修することになっている。また科目のほとんどがオンライン型で提供されており，一部インターンシップや特定の基礎理論のような内容については，サマースクールの形態で提供されてきている。また一部の科目は選択科目が用意されており，これらもオンライン型で提供されるものと教室で提供されるものがある。なお，年度ごとに教育課程は微調整が加えられているようである。

　両大学のIR担当者養成プログラムは，その創設段階においてAIR（Association for Institutional Research）からの資金提供を受けて創設されたものであり，AIRの責任者であるR. Swing氏によれば，資金提供を受けた5大学でプログラムが創設されたが，その中で一定の成果を上げているのがこの2大学とのことである。AIRが実施している研修プログラムやワークショップに参加することで，18クレジット中2クレジットが代替される。

　両大学の養成プログラムは，いずれも高等教育の教育・研究の拠点があり，そこに修士課程のプログラムに併設されて設置されている点に特徴を読み取ることができる。高等教育の原理的学習，IRの概念整理のみならず，学生支援，エンロール・マネジメント（入学者管理）などの領域も履修しつつ，統計学や

社会調査法といった技術的側面も履修することで課程修了が認められるものとなっている。

3．機能別 IR 部局の規模

次に，両大学の IR を実施する担当部局の違いを確認したい。

ペンシルバニア州立大学のインスティテューショナル部局は，Office of Planning and Institutional Assessment と呼ばれる部局であり，大学の組織上，President's Court の下に設置されており，大学経営の中枢に位置づけられていることが示されている[2]。一方，フロリダ州立大学の場合は Office of Budget and Analysis の一部門として Office of Institutional Research が設置されている[3]。この部局は Board of Governors の下に置かれ，予算とデータ分析，エンロール・マネジメントの問題が密接に関連する中で，やはり大学組織の中枢に位置づけられている。

ペンシルバニア州立大学の Office of Planning and Institutional Assessment は，現在の形で設置されたのが 2003 年と比較的最近となっている。これは 1983 年に従来型の Planning & Analysis 部局が設置された後，数回に渡り組織改編が進められ，別に発達してきた Quality Improvement を担当するセンターと合併する形で現在の組織が創設されたためである。現在までに大学のデータ分析に基づく大学全体の政策立案の機能までを包括的に担っており，簡便な印刷物で学内外に分析結果とそれに基づく提案を公表してきている。

またペンシルバニア州立大学の場合，組織の評価（assessment）という機能を持っており，学内各機関，部局のレベルで改善あるいはその改善のための計画立案，あるいはプログラムのアセスメントの計画を立てる時に，このオフィスの方からサポートを行うという機能も有している。これらの文書では繰り返し，効率性と経済性という語彙が表れており，この部局の活動の中核が経営機能改善であることが示唆されている。

この Office of Planning and Institutional Assessment は 2010 年時点で 9 名

のメンバーで運営されており，実際の分析を担うメンバーが部局長を含めて6名となっている。この6名中，高等教育学の博士号を有する者が1名，さらに修士号を有する者が4名でうち1名（局長）は高等教育経済学修士，他のメンバーは社会学，教育心理学，コンピュータ科学の修士号を取得している。

一方，フロリダ州立大学の Office of Institutional Research の場合，「フロリダ州立大学の教育研究，要するに全てについて支援，サポートする」ことが組織のミッションとして設定されている。この部局では基本的にデータを収集し提供するということに機能特化しているところに特徴を見ることができる。政策立案を行うというよりも，大学の管理職のみならず，利害関係者としての学生あるいは教職員に対しても，そのニーズに応じてデータを提供するという機能を持っているのである。

こうした作業を担う人員は全体で9名から構成されており，9名のうち5名が調査担当，残りのうち2名がテクノロジー担当者であり，本組織が政策立案ではなくデータ収集に特化していることが伺われる。なお，フロリダ州立大学の場合，政府からの要請や全米的学生調査への参加を通じて，NSSE の学生調査や IPEDS と呼ばれるデータの収集・分析もまたインスティテューショナル部局が中核の機能として実践されている。

4．IR 部局への機能集中と分散

さて，両大学の事例では IR 部局が情報収集および政策立案に従事しているように説明されているが，実際には IR 機能は多様な形態で分散されている。

例えば，ペンシルバニア州立大学の場合には，University Park のメインキャンパス以外のキャンパスに，多様な機能を有するインスティテューショナル部局が設置されている。例えば，Berks キャンパスには The Planning, Research & Assessment Office (PRA)，Lehigh Valley キャンパスに The Office of Institutional Research，Altoona キャンパスに The Office of Planning and Institutional Research が設置されている。

これらのキャンパス単位の部局のスタッフは，いずれも1名ないし3名程度であり，実際の分析担当者は1，2名という小規模な組織であるが，各キャンパスのデータを収集するとともに，各キャンパスの経営活動の評価と政策立案機能も有している点が注目される。例えばAltoonaの場合スタッフにはAssistant Dean for Policy and Planningが含まれている。またBerksの場合も分析担当者はキャンパスの教育・経営政策立案のための組織に属しており，いずれも政策立案の中枢の人物である[4]。

　一方，フロリダ州立大学の場合，同じキャンパスの中でも，全学的な調査を行う部局と，特に学生支援，あるいは学生に関する調査に特化した部局を擁している点が注目される。具体的には，Division of Student Affairsの中にThe Office of Researchが設置されており，対外的に提供することになる情報を収集する学生調査は主にこちらの部局で実施されている。この部局の職員は2名で，コーディネータ1人と，あとは院生のサポートスタッフで構成され，ウェブを通じて年間に40前後の学生調査を実施し，データを収集加工し，学内外に提供している。

5．おわりに

　本章ではペンシルバニア州立大学とフロリダ州立大学のIRに関する組織や両大学に設置されているシステムを概観することを通じて，アメリカにおけるIRが一様ではないことを確認した。

　本章で紹介した2大学の事例は，日本でIRの機能として期待されている経営改善機能の中でも単にデータ収集だけではなく，組織の政策立案機能を有する事例とそうではない事例である。一方で，政策立案機能を重視し，全学規模でもキャンパス単位でも実践しているペンシルバニア州立大学のような大学があり，他方で政策立案についてはその機能として捉えず，主に学生調査を中心としたデータ収集に特化しているフロリダ州立大学のような大学もある。どちらが正統なIRなのかということではなく，いずれも当該組織の機能や考え方

によって部局に付与する機能や権限が異なってくることを示していると捉える必要があると思われる。

しかし両者に共通する特質として，IR を担当する人材を養成するためには，一定水準の高等教育，とりわけ学生支援に関する知見，統計学をはじめとするデータ収集・分析の技能，業務領域によっては IT に関する深い造詣が求められている点が注目されるのである。

アメリカの事例は種々報告されており，本章はそれらに部局の規模と担当者養成という視点から情報を追加するものである。他の業務を経由して IR 部局の担当になる職員と，入職前から資格を取得してその専門的力量形成を進めていこうとする人材とでは，その専門性や意識も当然異なるものとなる。ペンシルバニア州立大学の全学部局の責任者が高等教育学ないし高等教育経済学に関する修士ないし博士学位を有していることを踏まえると，もし政策立案機能を重視することを想定するのであれば，人材養成ないし規模の大きな部局を必要とすることになる点は改めて指摘しておきたい。IR 担当者の力量形成をめぐるアメリカの動向は，日本のアドミニストレータ養成との関係で改めて注目すべき事例になるものと思われる。

【注】
1) 本章の内容の聴取調査は，山田礼子研究代表「学生の認知的・情緒的成長を支える高等教育の国際比較研究」（科研基盤 B）の一環として，2008 年 2 月 24 日～3 月 1 日にかけて実施されたものである。またペンシルバニア州立大学の事例については沖（2010）等でも言及されている。
2) ペンシルバニア州立大学の組織については以下も参照。
　The Office of Planning and Institutional Assessment
　　http://www.psu.edu/president/cqi/index.htm
3) フロリダ州立大学の組織については以下も参照。
　The Office of Institutional Research
　　http://www.ir.fsu.edu/
4) ペンシルバニア州立大学各キャンパスの組織については以下を参照。
　The Planning, Research & Assessment Office, Berks

http://www.bk.psu.edu/Information/25995.htm
The Office of Institutional Research, Lehigh Valley
　http://www.lv.psu.edu/FacultyStaff/27419.htm
The Office of Planning and Institutional Research, Altoona
　http://www.aa.psu.edu/opir/
(閲覧はすべて 2010 年 12 月 1 日時点で確認)

第6章

オランダにおけるインスティテューショナル・リサーチの成立と展開

1. はじめに

　1950年代後半から1960年代にかけてアメリカ国内で急速に拡大したインスティテューショナル・リサーチ（IR）は，その後にカナダやヨーロッパ，オーストラリアをはじめとする世界各国の高等教育機関に広がりを見せている。その中でもオランダはIRに関連する動きが活発な地域の一つであり，歴史的にはIRのヨーロッパへの波及において中心的な役割を担い，近年ではDAIR（Dutch Association for Institutional Research）という専門組織のもと，独自の展開が確認される。IRの発祥地ではないオランダがIRをどのように導入し，組織化・制度化していったのか，そして今後の方向性としてどのような方向性を有しているのかという点は，IRについての議論が進められる日本の現状に対して大きな示唆を持つものと考えられる。このため，本章ではオランダを対象としてそのIRの実態を明らかにすることを目的とする。

　本章で注目するのは以下の点である。1点目はオランダにおけるIRの歴史的な系譜である。ここでは，オランダにおけるIRの端緒はどこにあるのか，

なぜ IR が導入されたのかといったことに焦点が当てられる。2 点目はオランダにおける IR の現状である。ここでは，IR がどこで，どのように担われ，またどのような特徴があるのかといったことに焦点が当てられる。特に IR の担当箇所については，Russell（1965）などのアメリカにおける 1960 年代の IR をめぐる議論にも見られるように，IR が実際にどのような機能を担っているのかを判断する根拠となるとともに，IR の活動が機関内の意思決定に対してどの程度影響を与え得るかといった情報を提供する点で重要である。これらの点について，政府資料及びオランダにおける IR に関する論考といった文献資料に加え，現地調査で得られた知見をもとに整理することにより，オランダにおける IR の特質とそれが示す日本への示唆について考察することとする。

なお，本章ではオランダの高等教育でも特に大学セクターに注目することとする。オランダの高等教育は，大学と HBO（Hoger Beroepsonderwijs：高等職業教育機関）からなる二元システムであるが，大学セクターと HBO セクターとでは，機関としての目的や歴史的な経緯，取り巻く環境が異なり，また日本における IR 導入の議論も大学を中心として行われていることを考慮して，対象を限定することとする[1]。

2．オランダにおける IR の歴史的系譜

1）EAIR の設立

アメリカを中心としつつ世界的な IR 組織・学会である AIR の姉妹組織は多くの国・地域で設立されているが，その中でも EAIR（European Association for Institutional Research）は最も早くに活動を始めた組織の 1 つである。EAIR 設立の端緒は 1975 年であり，この年 AIR 内に専門能力開発・サービス委員会（PDS）が設置され，そこにセミナー担当部会と国際活動部会（IAS）が組織されたことに始まる。この IAS の国際活動の一環として欧州に委員が 2 度派遣されており，その後の 1979 年に，PDS の両部会の委員長を務めていた F.

Craing Johnson が AIR の会長に就任し，その門下であった Charles Bélanger が IAS の新たな委員長に就任したことにより，その活動が活発化したといわれる（Begg & Bélanger, 2003）。

このような状況下で，AIR ヨーロッパフォーラムの開催が検討され，AIR のサンディエゴフォーラムで正式に開催が決定したことにより，パリにおいて 1979 年 11 月 16 日に最初のフォーラムが開催されている。その後，1982 年のスウェーデンのウプサラ大学における第 4 回 AIR ヨーロッパフォーラムではワークショップを開催するなどの運営上の工夫が見られたが，その一方でフォーラム開催について AIR からの積極的な支援や財政援助が期待できないことが明らかになりはじめ，1984 年には Hans Acherman, Peter de Rooji, Frans van Vught らによりオランダのトゥエンテ大学高等教育政策センター（CHEPS）に仮の事務所が設置することが話し合われ，翌 1985 年には CHEPS に着任した Peter Maassen がフォーラムの運営に関与し始めている。

Maassen によれば，この当時 CHEPS 内において "Institutional Research in Western European countries" という研究プロジェクトが開始している。Maassen はその第一段階として，ヨーロッパ 16 カ国 137 機関を対象にした IR についての調査を行っている（Maassen, 1985）[2]。この調査から Maasen は，当時のヨーロッパにおける IR について，IR に関連する実践は広く，また点在した形で実施されているものの，独立した IR，すなわち IR Office や IR のみを担当する職員は設置されておらず，確認される実践も IR とは呼ばれていないことを指摘している。その上で，中欧・南欧よりも北欧・西欧で IR に関連する活動が統合される傾向にあり，また仮説として，Clark（1983）の高等教育システムのトライアングルモデル（政府，市場，大学寡頭制）を援用して，高等教育の市場化が IR の必要性を喚起し，発展させるという見解を提示している。

一方でヨーロッパ・フォーラムの実態としては，この当時 IR が既に定着していた北米におけるフォーラムでは，専門分化が進み，データベースの構築や利用法などの技術論などをもテーマに含む IR についての同業者の専門的集まりという性格を帯びつつあったのに対し，ヨーロッパ・フォーラムでは AIR

と同様に専門能力開発の場を志向しつつも高等教育の諸分野を広く包含するものとして機能していたとされる。

このような状況を受け，1989年にAIRから独立した新しい組織としてEAIRが設立された。当初は"a European Higher Education Society"としていたが，10年後に"a"を"the"に変えて「ヨーロッパ高等教育学会」という名称を掲げており，現在事務局はオランダのアムステルダムに置かれている。

以上のように，AIRの活動が波及したヨーロッパにおいて，オランダはトゥエンテ大学のCHEPSを中心として，その活動の拠点という役割を担ってきている。しかし，それはIRの実践の拠点というよりはむしろIRに関連する研究の拠点という意味合いが強く，EAIRのヨーロッパという広域に渡る活動範囲と相俟って，オランダのIRについて直接的な影響を及ぼしたとは言い難い。但し，このEAIRという組織としての発想とそこにおける議論の特質が，その後のオランダにおけるIRの専門組織であるDAIRの設立に間接的かつ逆説的な影響を及ぼした点は否定されないであろう。

2）DAIRの設立

EAIRが欧州全体という枠組みの組織であるのに対し，オランダのIR組織として設立されたDAIRは，その設立の経緯や狙いといった意味でもEAIRとは大きく異なっており，区別されるべき系譜に位置する。その名前が示す通り，DAIRはオランダ国内の関心に基づき設立されたものである。

Begg & Bélanger (2003), Neave (2003), Peterson (2003), Teichler (2003), Kehm (2005) など，既に多くで論じられているように，先のEAIRの活動や議論はアメリカにおけるIRをめぐる議論とはまた異なった形で進行しており，より政策志向であり，システム・レベルを対象とした高等教育研究に近い傾向があるとされる。このような傾向に対して，DAIRはより実践的な，AIRに近い形での議論に方向づけられている。

この系譜に位置付けられるオランダにおけるIRの1つの契機は，1985年に

発表された政策文書『高等教育における自律性と質』(HOAK 文書) においてパフォーマンス・インディケーター (PFIs) に言及されたことが挙げられる (Hoekstra, 2006)。この HOAK 文書は, 高等教育機関の自律性の強化とそのことによる高等教育システムの質的水準の向上と多様化を企図したものであったが, その後のオランダの高等教育改革に多大な影響を及ぼしている。その背景として当時の高等教育に関する問題に, 70年代以降深刻化してきたドロップアウトの増加および在学年数の長期化, 大学の運営の非効率性という問題があったとされる (CHEPS, 2007)。PFIs はこの HOAK 文書内において評価について記述した第9章2節に以下のように言及されている。

> 評価はいかなる組織にとってもその運営サイクルの重要な段階であり, 高等教育も例外ではない。効率を求めるならば, そのような評価を各レベルにおいて行わなくてはならない。高等教育機関においては, 少なくとも3つのレベルを区分する。ミクロレベル:専攻分野・各部局, メゾレベル:学部・学科, マクロレベル:機関。教育機関は, 高等教育審議会の政策方針文書に応じて教育の質を管理するためのシステムを設置する。評価の信頼性を最大限に高めるために, この先数年間は, いわゆる《パフォーマンス・インディケーター》の形式で実施することを促進する。機関の諸活動は, 教育の質の管理について政府が持つ憲法上の責任を妨げない。
> (Ministere van Onderwijs en Wetenschappen, 1985:36)

このように言及された PFIs であったが, その後の PFIs をめぐる議論は指標としての問題性が指摘され, 数多くの反対意見が表明されてきた (Vroeijienstijn, 1995, 訳書)。しかし, その一方で PFIs の意味を適切に限定することにより政策や意思決定の改善に指標がもたらす効用があることについても依然として主張されており, その概念と思想は消えることなく議論され続けている[3]。

この HOAK 文書による改革を受けて, 1995年にオランダの13大学 (オー

プンユニバーシティを除く）と VSNU（大学協会），CBS（中央統計局）による大学間プロジェクトが開始した（Hoekstra, 2005；2006）。このプロジェクトは大学における業績に関する情報の収集と定義付けを目的としており，その成果は KUO-report（Kengetallen Universitair Onderwijs：University Education Ratios）としてまとめられ，発行されている。この KUO には，例えば機関別あるいは分野別，性別，学生のフルタイム／パートタイム別の学士課程，修士課程の卒業率（ドロップアウトの割合）や留学生の割合，転学の割合などが記載されている。これにより，各大学で異なる定義づけがなされ，算出されていた指標について共通の定義が構築され，業績に関するデータの比較可能性は格段に向上することとなった。

このような経緯に基づき，大学間でのワークショップ等の開催を経て，1997年に DAIR が設立されることとなった。DAIR は学会というよりもむしろ IR についての専門能力開発を積極的に推進しており，各種セミナーや学習サークルなどを主催している[4]。

以上のようにオランダにおける IR の専門組織である DAIR の設立は，1980年代の高等教育改革を端緒としたオランダ国内の一連の活動の中に位置づけられる。その点で DAIR は各大学の協働の 1 つの到達点であるとともに，オランダにおける IR の基盤を形成していると考えることができる。

3．オランダの IR における VSNU（大学協会）の役割

次にオランダにおける IR の現状について，以下では VSNU とアムステルダム大学とトゥエンテ大学という 3 つの事例をもとに，どのような取り組みがなされているのかという点について論じていくこととしたい。

KUO-project や DAIR の設立に大きく関与した VSNU は，現在においてもオランダの IR に対して大きな役割を果たしている。VSNU は 1988 年に設立された加盟大学の利害関心を表明し，政府や産業界と交渉することを主たる目的とした機関であり（米澤，2000；2001），現在オランダのすべての大学が加盟

3. オランダのIRにおけるVSNU（大学協会）の役割

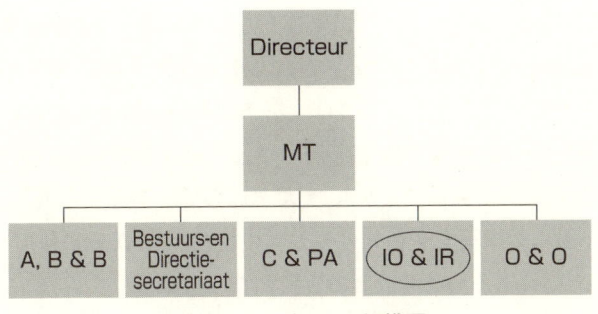

```
                    Directeur
                        │
                       MT
    ┌──────┬───────────┼───────────┬──────┐
 A, B & B  Bestuurs-en  C & PA   IO & IR  O & O
          Directie-
          secretariaat
```

図6-1　VSNUの組織図

している。VSNU内の運営部局は，ディレクターのもとに各部局長・部門長からなるManagement Team（MT）が設置され，そのもとに5つの部門が設定されるという組織構造になっている。そのうちの1つの部局であるIO & IR（afdeling Interne Organisatie en Institutional Research）がVSNUにおけるIR事業を担っている[5]。

　現地調査時点[6]ではVSNUの職員全体（非常勤含む）の52名のうち4名がIRの担当に当たっており，それぞれが教育領域担当，研究領域担当，教職員・財政・施設領域担当，データ分析担当という役割のもと活動している。なお，このIR部門の研究領域担当者はそれ以前にはラドバウト・ナイメーヘン大学で活動しており，現在DAIRの事務局長を務めている。

　VSNUのIR部門は各大学のデータベースや担当者から定量的データを収集し，そのデータの確認・整理，各大学へのデータ提供および要請に基づいての分析，大学間のリエゾンとしての機能などを担っている。収集するデータは多岐に渡るが，大きな枠組みとして，教育，研究，教職員（スタッフ），財政，施設などが設定されている。

　この枠組みに基づいてデータベースが構築されており，例えば教育関連項目のデータベースとしては1cHO[7]，研究関連項目のデータベースとしてはKUOZ（Kengetallen Universitair Onderzoek）などのデータベースを運用している。これらのデータベースには，政府や政府関連団体のほか，HBO-Raad（高

等職業教育機関協会）などがアクセス可能となっている。なお，収集されたデータはVSNUを通じて分析され，公表されるデータと大学に戻されるデータがある。公表されているデータとしては，例えば教育面においては各大学の性別あるいは分野別の学士課程・修士課程への入学者数やコース・プログラム数，取得学位数などが，研究面においては大学別の論文数や出版物数，PhD数などがある。これらのデータや情報は，大学の自己点検・評価に使用されるほか，NVAO, QANUによる第三者評価の資料となっている[8]。

このように，各大学と政府の間の中間組織であるVSNUにおいてIR担当部局が設置されていることはオランダにおけるIRの特徴の1つであるといえる。このことによって各大学の利害の調停が可能になるとともに，データの比較可能性が担保されることとなり，ベンチマークや大学セクター全体の課題の発見が可能となっている。

4．アムステルダム大学におけるIRの実践

1）Concern Controlの概要

個別大学のIRの実態に目を向けると，アムステルダム大学は，オランダの大学の中でも比較的早期にIRに取り組み始めた大学の1つであり，IRを担当する部局を設置している点でオランダのIRを牽引する存在である。

アムステルダム大学のIRはConcern Control (Corporate Control, Office of Institutional Research) という部局で担われている。このConcern Controlは，エグゼクティブ・ボード[9]のサポート及び戦略計画の方向付け，大学の基本的機能の方向付けや管理を行う管理機構（Bestuursstaf：staff and Administration）内の政策・戦略開発の一部局として位置づけられている。Concern Control内にはマネジメントの情報を管理する下位部局（Bureau Bestuursinformatie）が設置されており，大学の運営に関わる様々な情報を収集し，伝達する責務を負っている。

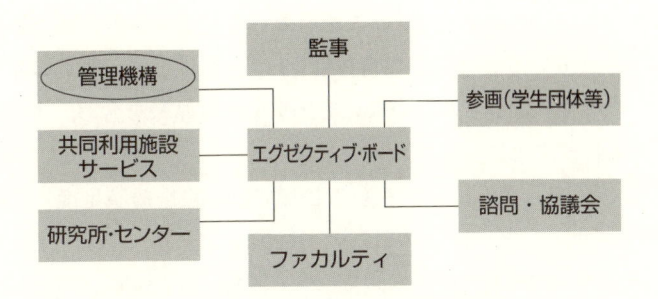

図6-2 UvAにおけるIR担当部門の位置づけ

　Concern Control の設置は1995年であるが，1985年のHOAK文書による提言を受けて，1990年代から現在のConcern Controlの機能に関わるプロジェクトが実施され，この種の機能の重要性が認知・承認された結果，部局としての設置に至っている。

　現地調査時点[10]ではConcern Controlで主にIRに関わっているのは5名であり，うち2名は非常勤である。常勤職員3名の役割は，分析担当，データベース・マネジメント担当，リエゾン担当となっており，非常勤の2名がそれぞれのサポートに入る形になっている。2008年には新たにデータウェアハウスを構築し，IRを推進する体制を整備し，IRに関する活動を活発化させている。

　以下では，アムステルダム大学におけるIRのより具体的な実像に迫るために，Concern Controlが収集したデータや情報をもとに発行している「fact」と「MARAP」について注目し，その内容を確認する。

2) factの内容と分析

　「fact」はアムステルダム大学のディレクター及びマネージャーを配布対象とした不定期刊行物で，IR担当部局であるConcern Controlが学内の運営に関わる情報や分析結果，その要点を伝える媒体である。

　2008年12月発行の「fact」では，2008年の5月から6月にかけて実施され

た学士課程の第三学年の学生3,099人を対象にして実施された調査の結果と分析結果が示されている。ページ数自体は13ページほどで、要点のみが記載されている。その他の記載されていないデータや分析結果を含め、すべての情報は学内ネットワーク上に公開されている[11]。

項目として取り上げられているものとしては、総合的満足度（指導、内容、編成）、課題、関わり（学生同士の関わり、教員との関わり）、教員評価、学習（組織的支援、学習テーマ支援、フィードバック）、設備（教育領域、黒板、学習机、食堂）、アカデミック・スキル（コミュニケーション・スキル、文章力、口頭表現など）、学外の経験（他大、海外大）、時間管理（学習時間、それ以外の時間）、学士課程後の連続性（専門的実践、修士課程）、アカウンタビリティなどである。各設問は満足か不満かといった二者択一式のほか、学生同士の関わりの度合いやフィードバックに満足した頻度に関する項目などでは3件法、アカデミック・スキルの設問項目では5件法により設計されている。例えば、アカデミック・スキルの項目では表6-1のようにまとめられている。

また、各トピックに対して、自由記述の回答結果である学生からの典型的な意見が記述されているほか、学内の専門分野間での回答傾向の比較を行っている。これらの調査は、エグゼクティブ・ボードや学部長らの意見のほか、学生

表6-1 UvA factにおけるアカデミック・スキル項目の集計

項　　目	重要度	満足度	差
職業能力スキル	1.2	0.0	1.2
口頭表現能力	1.3	0.3	1.0
文章表現力	1.3	0.6	0.8
批判的・分析的思考	1.4	0.7	0.7
コミュニケーション・スキル	1.0	0.4	0.6
自己啓発	0.8	0.3	0.5
学際的教育	1.1	0.6	0.5
信念や背景の異なる他者への理解	0.7	0.2	0.5
効果的な協働	0.7	0.3	0.4
学習する能力	1.0	0.6	0.3

団体からも定期的に意見を聴取し，それらの意見を設計に反映している．

3）MARAPの内容と分析

　factが大学全体の動向を伝える媒体であるのに対して「MARAP」(MAnagement RAPportage) は各学部のデータをより詳細に分析し，その結果を要約して伝えるという特徴を持っている．ページは全体で10ページほどにまとめられている．

　例えば2009年度の法学部のMARAPに関しては，その表紙には主要なPFIsの各項目が記載されている．各項目は，学士レベル，修士レベル，契約教育，研究，知財移転，施設などが大項目として設定されており，その内部に，例えば学士レベルにおいては，学生市場におけるシェアや学生の満足度，国際学生交流の割合などが項目として設定されており，それらの項目について現状の値と目標値，及び達成状況等が記載されている．これらの項目はConcern Controlが設置される以前には別々のレポートとして報告されていたが，設置されて以降，統合された1つのレポートとしてまとめることが可能となった．

　表紙の次のページからは，運営，学生動向，教育，教職員，研究のそれぞれの項目について経年変化やベンチマークなどのより詳細な分析結果について記載している．記載されている項目としては，運営の項目では収入費目や支出費目や外部資金など，学生動向の項目では学士課程における各学科の学生数の変動やHOOP（高等教育・研究計画）の領域[12]への入学者数・在籍学生数など，教育の項目では学士課程及び修士課程のリテンション率や学位取得率（効率性），学位数など，教職員の項目では，FTE換算の教職員数やその変動，厚生関係や教員の時間割り当てなど，研究の項目では，著書・論文数（査読の有無別）や博士課程入学者数など，が記載されている．

　これらの項目のデータはアムステルダム大学のデータウェアハウスによって管理され，Concern Controlによって運用されている．但し，その定義や元のデータはMETIS[13]やKUO，1cHOなどの様々なデータベースから収集されており，

それらを元に分析が行われている。

　以上のようにアムステルダム大学はIRを専門的に担う部局を中心として，既存のデータベースと独自に収集した学内のデータをもとに，IRの機能としてのデータの収集，分析，報告の機能を担っている。また，その活動はボードや教員，学生などの意見を取り込みながら試行錯誤を繰り返しながらも，新たなデータウェアハウスの構築に見られるように活発化する様相を見せており，Concern Controlが設置されて15年が経った現在，IRの役割は学内に定着したと見ることができる。

5．トゥエンテ大学におけるIR

　IRに関して見れば，EAIRの事務局が1980年代に設置されたトゥエンテ大学であるが，大学の実践領域においてIRの取り組みが見られるようになったのは近年のことである。この取り組みはEAIRと密接な関わりのあったCHEPSとは異なる枠組みで行われており，明確に学内の情報の活用という視点に方向づけられている。

　IRへの動き自体は2006年ごろから進められていたが，より本格化したのは2008年に入ってからで，この年にマネージメント情報システムを整備・運用するMISUT-Project（Management Information System for the University of Twente）が開始する。このMISUT-Projectでは，データの一元管理のためにオラクルデータベース管理システムなどを利用したデータウェアハウスを構築し，それらのデータを用いてPFIsを作成し，エグゼクティブ・ボードなどに伝えるという狙いがあるとされている。

　このMISUTをベースにして現在IRが進められており，IRはトゥエンテ大学のデータ及び情報を収集し，データクリーニングし，分析し，報告・提供するという「情報仲介者（Information Broker）」の役割を果たすと定義されている。組織内の位置づけとしては，Financial & Economic Affairs内のConcern Controlの役割の1つとなっており，この点にアムステルダム大学との違いが

確認できる。

　主な役割は，先述のPFIsの作成およびその報告のほか，教育・研究・財政・教職員などに関するfacts & figuresの作成，年次レポートの作成等である。トゥエンテ大学のIRもアムステルダム大学のIRと同様に，外部のデータベースを積極的に活用している。例えば，METISやVSNUが作成しているDOC（Digitaal Ontsloten Cijfers），あるいはKNAWによるNOD（Nederlandse Onderzoek Databank）[14] などである。

　トゥエンテ大学のIRはこのように端緒に就いたばかりであるが，その特質としてはデータウェアハウスの構築という点が非常に強調されている点である。トゥエンテ大学においてもPFIsの利用や既存のデータベースの活用が図られている点はアムステルダム大学とも共通するが，データウェアハウスのIRへの活用という点では後発効果と見ることもできるだろう。このようにトゥエンテ大学のIRの方向性がアムステルダム大学とほぼ一致する点は，オランダの大学が今後向かうIRの方向性の特質の一端を示しているといえるだろう。なお，オランダの大学におけるIRとしてはその他にもデルフト工科大学やユトレヒト大学においてIRが確認できる。

6．おわりに

　ここまでオランダにおけるIRの展開について見てきたが，オランダのIRの歴史的な系譜は1980年代にその淵源を辿ることが可能であり，そこから派生した種々の取り組みを基盤としてIRが形成されていったと考えることができる。しかし，オランダの大学におけるIRは依然発展の途上にあると見ることもできるだろう。アムステルダム大学のようにIRという名称を掲げた部局を有している場合もあれば，トゥエンテ大学のように今まさにIRのプロジェクトを推し進めている大学もあり，また学内の方針策定の担当者や学籍管理担当者（Registrar）がIRの機能を担当している場合もある。場合によっては学内の運営方針により，IR機能を担当する部局や担当者を廃止したり，財務部

局などと統合したりすることもあるとされる。

　このような中でオランダのIRの特徴を挙げるのであれば，専門能力開発の場としてのDAIRと，データベースの構築や各大学の利害を調整するVSNUと，そして各大学におけるIRの実践が非常に密接に関連し合い，その連携のもと大学セクター全体としてIRが推進されている点が挙げられる。この種の大学間の連携のあり方は，1つには少数の機関で担われているオランダの大学セクターの特徴ゆえに可能となっていると考えることができるが，もう1つには中間組織がIRに積極的に関与している所産と見ることもできる。KUO-projectに見られる大学間データベースの基盤の構築に関して見れば，アメリカのIRにおけるNCES（National Center for Education Statistics）が運用するIPEDS（Integrated Postsecondary Education Data System）という全米の高等教育機関についての包括的なデータベースの存在と活用が思い出されるが，日本においては大学評価・学位授与機構の国立大学を中心としたデータベース構築の試みが確認されるものの，実際に活用される段階には至っていない。これに対し，オランダのIRにおいて種々のデータベースが構築され，それらが運用の段階に入っていることは，14機関という大学セクターの小規模性の影響を否定しがたいものの，中間組織であるVSNUでIRを担当する職員が担うリエゾンとしての役割が有効に機能していることを示している。

　また，そのような取り組みもKUO-projectから見れば現時点で15年，またそのきっかけとなったHOAK文書から見れば四半世紀の歳月が基盤となっている点は特筆されるべき点である。PFIs自体にも様々な問題が指摘される中で，無用ということで消滅させるのではなく，試行錯誤が繰り返され，その限

図6-2　オランダにおけるIRの推進構造

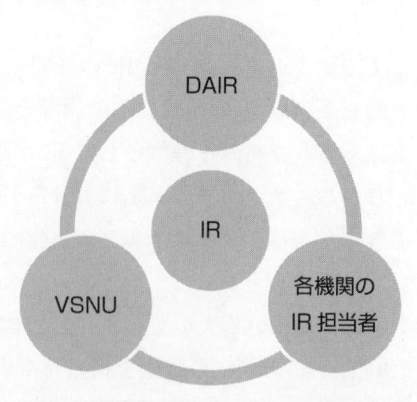

界を認識した上で定量的なデータを大学運営に活用している点は，オランダにおける IR の特質の1つを示すものと考えられる。

オランダの大学セクターは少数の機関で担われており，その規模から多数の大学を有する日本の現状に対して，単純な比較や示唆は得られにくいが，日本の IR の導入において大学セクターの多数を占める小規模機関における IR をどのように考えていくのか，また IR を担う専門的人材をどのように養成していくのかということを考えるのであれば，オランダの IR の事例は1つの可能性ある選択肢，すなわち，中間組織における IR の実践や専門能力開発の推進という可能性を提示していると考えられる。すなわち，中間組織が一定の割合で IR に関連する機能であるデータの収集や分析を担うことで個別機関の負担を軽減し，さらに専門能力開発を担うことで大学間の協働を促していくことは，日本においても実行可能な1つの選択肢となり得る。

以上，本研究ではオランダにおける IR について，その歴史的経緯と現地訪問調査をベースとした事例研究を中心にアプローチしてきたが，今後 IR の効果の検証や HBO セクターにおける IR の実態の解明などについて，依然多くの課題が残されている。これらの点については他日を期したい。

【注】
1) 大学数は14校（オープンユニバーシティを含む。私立のナイエンローデ経営大学校を合わせると15校となる），HBO の数は41校である。学生数は2008年時点で，大学が約21万人，HBO が約38万人となっており，年々増加する傾向を示している（EACEA, 2009）。大学・HBO ともに1993年に成立した高等教育・研究法（WHW）によって統一的に管理されており，政府の役割もこの法律のもと事前統制から事後統制へと変化している。
2) 調査の有効回答は46機関，回収率は34%である。
3) この時期に政府からの大学への補助金配分の方法が変更されたことも，その後の PFIs をめぐる動向に大きな影響を及ぼしている。1970年代においては大学への補助金全体が主に学生数に基づいて決定されていたのに対し，1983年以降研究活動に関する要素が資金配分に反映されることとなった。詳細は，Hoekstra & Vendel（1999）及び林（2006）を参照。

4）例えば，2010年3月18日，4月8日，4月22日の日程では，IRのためのデータウェアハウスの設計に関する学習サークルが各機関のIR担当者を対象にして有料で実施されている。DAIRのWebページ，http://www.dair.nl/, 参照。2010年7月19日現在。
5）その他に，A, B&B（雇用，財政，マネジメント担当部門），Bestuurs- en Directie- secretariat（運営・事務担当部門），C & PA（広報担当部門），O&O（教育・研究担当部門）が設置されている。
6）VSNUのRené Hageman氏へのヒアリング調査（2009年7月7日）。
7）1cHO（1 cijfer bestand Hoger onderwijs）は各大学，VSNU, HBO-Raad, CBS，教育科学省などが連携して作成しているデータベースで，各大学の登録課の情報などから構成されている。VSNUのWEBページ, http://www.vsnu.nl/web/show/id=76105/langid=43, を参照。2010年7月19日現在。
8）NVAOは2004年に設立。CHEPS前掲書参照。オランダの大学評価は教育評価と研究評価で評価主体や方法が異なっている。詳細は，林（2006）参照。
9）1997年に大学管理運営現代化法が成立し，それまでは全学レベルと学部レベルそれぞれに，ボードと評議会が置かれ，両者がともに管理運営に関わる分権的なあり方をとっていたのに対し，成立後は教育・科学大臣により指名された学長を含む3名のエグゼクティブ・ボードがほぼ全権を握り，学部では学部長に権力が集中するとともに学科が廃止され，また，大学内の組織内の構成などは大学側の裁量の余地が広がったとされる（Vroeijiens, 1995, 訳書：145）。
10）アムステルダム大学のPeter Hoekstra氏へのヒアリング調査（2009年7月8日）。
11）オランダの大学の標準年限は学士課程3年，修士課程1年となっており，アムステルダム大学において，この種の学生に対する調査は，大学入学後の1年次，卒業前の3年次，及び修士課程の1年次（4年次）に実施されており，収集されたデータに関してはSPSS等の統計ソフトを用いて分析が行われ，分析に際しては教員のサポートを得る場合もある。なお，この調査の回収率は30％（944票）であった。
12）HOOPは，政府の高等教育・研究の展望，および社会の需要や高等教育・研究のレリバンスの議論，またそれに高等教育機関がどのように対応すべきかを指し示す政策方針文書である。HOOPは4年サイクル（1998年までは2年サイクル）で，部分的には各高等教育機関の年次レポートを基に作成される。近年の主な議題の一つは，高等教育・研究システムのマクロ的な効率性である（CHEPS 2007参照）。HOOPの領域はCRO-HO（中央登録局）により定義されており，現在，「農学」「自然科学」「工学」「医学」「経済学」「法学」「行動科学・社会学」「言語学・文化学」「教育学」の9つが設定されている。これに加えて，2009/2010年から

は 10 番目の分野として「学際領域」が設定されることになっている。VSNU の WEB ページ http://www.vsnu.nl/web/show/id=88746/langid=43, を参照。2010 年 7 月 19 日現在。

13) METIS は,「ナイメーヘン大学の情報サービスセンター (UCI) が開発し, 1997 年以降は使用している大学の代表者からなる METIS グループにより運営されている」研究情報データベースである (林, 2006)。

14) NOD は, KNAW の科学情報サービスセンター (NIWI) による日本の科学技術振興機構の ReaD に近いデータベースであり, 研究組織, 研究者, 研究活動などの情報が公開されている (林, 2006)。

[付記] 本研究は, 松下国際財団による研究助成を受けた研究「Institutional Research の国際的展開と変容」(研究期間：2008 年 10 月〜2009 年 9 月) の研究成果の一部である。

第7章

イギリスにおけるインスティテューショナル・リサーチ実践の現状と展望

1．はじめに

　本章はイギリス高等教育機関におけるインスティテューショナル・リサーチ（IR）の現状を確認し，その特質を明らかにして，日本への示唆を読み取ろうとするものである。

　イギリス高等教育機関は1991年以降一元化が進み，旧ポリテクニクも大学へと転換し，現在に至っている。こうした状況の下で，個別大学・高等教育機関のIRは必ずしも主要な課題であるとは認識されてきていない。確かにQAA（高等教育質保証機構，Quality Assurance Authority for Higher Education）が創設され，教育評価や教育改善のための実践綱領の作成・公表，さらには専門領域別のアウトカム評価に関する指標が作られていく中で，各大学の質保証関連の部局は重要な機能を有してきた。しかし情報収集・分析という機能が前面に出てきているわけではない。そうした部局をIR部局と位置づけるのは，相当に困難である。

　イギリスにおけるIRをめぐる議論自体もまた，一部研究者が中心となって

展開されてきた。特にヨーク（York, M.）が1990年代から実施してきた一連の研究はイギリス高等教育機関における中退者の問題に焦点を当ててきたものであり，その知見はIRをめぐる基礎的データとして有効なものである。

しかし一方で，従来ポリテクニクであった大学においては，主に教育機能改善を主たる目的として，SD（教職員職能開発）が進められてきており，さらに近年一部大学間でIRネットワークが構築され，全国会議や関連ワークショップが開催されるに至っている。

さらに全国的なデータ収集および活用という点で，イギリス高等教育は独自の様相を示している点も注目される。

本稿では，以下，導入初期のイギリスにおけるIR活動・研究の一端を明らかにし，この数年開始され継続しているIRに関する年次大会の概要を紹介し，その上でIRの基盤となるデータ収集の一例として全国学生調査とその活用状況について確認してみたい。

2．導入初期のIR研究と実践

イギリス国内でもインスティテューショナル・リサーチが本格的に注目されるようになったのは1990年代以降だと認識されている。例えばKnight, P.とYorke, M.は2003年に，米国におけるIRの状況とその特質を，証拠に基づいた機関の企画と意思決定を支援する必要からIRを担当する職員集団が存在していること，米国では機関レベルから国レベルまであらゆる段階でデータ収集を行う伝統があることに注目して説明している。そして米国と対照的な状況として，イギリスにおけるIR活動は組織化された一つの単位としての部局ではなされないという傾向があること，特定の危機が生じた場合に，その問題への対応策の検討という点に特化する形で，IR的な活動が実施されることが一般的で，こうした結果の蓄積が機関内で十分なされてこなかったことを指摘し，戦略立案という観点からは，イギリスの高等教育機関の弱点であると指摘している（Knight P & Mantz Yorke 2003：201-202）。

欧州全体としては EAIR (European Association for Institutional Reseaerch) と呼ばれる IR の研究者集団が存在していたが，1990年代のイギリスにおいては，個別機関レベルで IR が実施されていたという状況ではなく，特定の問題から出発した研究レベルにとどまっていたことが前述の指摘には含意されている。その特定の問題として，イギリスでは中退率や学習経験の改善のための取組が注目される。この中退率研究を継続的に実施，結果的にイギリスのインスティテューショナル・リサーチ研究の先導者に位置づけられるのが Yorke, M. であった。

ここで取り上げる Yorke の研究も単独では本稿で議論する IR に関する研究を継続してきたというわけでもない。しかし，Yorke の研究は学生の教育に関する改善を目指し，また中退率にも関心を有してきたことから，結果的に現在のイギリスにおける IR の発展史における一つの道標となっているのである。今後，英国内外でイギリスにおける IR の発展を考察する研究が蓄積されるにあたり，Yorke の研究成果とその課題の変遷自体が一定の示唆を有するものと思われる。

Yorke によって実施された大学の教育機能改善に関する研究の中で最も早期に注目されたのは，1990年代に実施された中退率調査である。

1990年代のイギリスでは，1992年に始まる高等教育の一元化，すなわち従来からの大学（universities）に加えて，その出自から職業・継続教育を主たる理念とするものが多かったポリテクニク（polytechnics）の大学への昇格を認めることによって，高等教育への進学率が急速に高まり，従来の個別指導（tutoring）を中軸としたエリート型大学教育からアメリカ型ともいうべきモジュール単位の大規模な学部教育が実施され，学部段階の拡大が想定されることとなった。こうした状況の変化によって，従来は問題とされてこなかった，したがって研究の蓄積もなかった中退率（イギリスでは未達成率 non-completion と呼ばれる）が高等教育財政審議会（HEFCE）でも問題とされ，Yorke の研究グループと Keele 大学の小規模な質的調査の研究に対して研究資金が提供されることとなったのである。ヨークの一連の研究成果はこの研究から生まれたも

のである（Yorke 1999：5）。

この研究で解明が意図されていた問題関心は以下の3点である。

第一に，中退の原因とは何かについて，フルタイム型学生とパートタイム型学生双方の原因を明らかにすること（表7-1参照），第二に，中退が税負担者に与えている影響について明らかにすること，そして第三に，中退率が達成指標（performance indicator）として使用できるのかどうかの検証と，それが可能である場合に何を示唆しているのかを明らかにすることであった。

この問題設定は研究的視点に基づいた複数大学を対象とした定量的調査に基づくものであるが，いずれの関心も，個別機関で改めて検討する場合に，IRの多様な側面を明らかにする設定でもあることに注意が必要である。

なお，Yorkeの2000年代後半における研究は，IRの普及を意識した論文やワークショップなどとともに，従来の中退率研究の延長としての初年次教育の効果研究に関心が向けられている。前者の代表的なものとして，高等教育アカデミーのために共同で実施された報告が，また後者の事例として，やはり高等教育アカデミーからの委託研究の報告がある（Yorke and Longden 2008）。この研究では全英の高等教育機関と学生を対象とした量的調査が実施されている。

表7-1　中退理由の因子分析

因子	説明%	ラベル	具体例
1	19.6	学生としての経験の質が貧弱	教育の質の低さ
2	8.0	プログラムの要求に対応できない	課題の多さ，学習技能の不足
3	6.6	社会環境が幸福ではない	ホームシック，犯罪への不安
4	5.9	プログラムの選択を誤った	希望するキャリアとの不整合
5	4.2	財政的な問題	支援の少なさ，雇用の必要性
6	3.8	機関が提供するものへの不満足	図書館，ITなどの貧弱さ

出典：Yorke 1999: 39-46 を元に作成

3．学生調査に基づく学習経験改善の取組

　Yorke の研究と並行して，学習経験の改善を目指した研究活動の一環として，学生調査に基づく教育機能改善がポリテクニク出自の大学で検討されるようになった。その中でも代表的な学生満足度アプローチは，セントラル・イングランド大学（現バーミンガム・シティ大学）に在籍していた Harvey, L. によって 1990 年代後半に開発され現在まで多数の大学に導入され実践されているもので，学生自身の観点から学生の経験に関する情報を得て，その後の教育機能改革に活用するものである。その特徴は 3 点に集約される。

　第一の特徴は，学生自身が質問項目を定義して学習経験全体に対するものとなる点にある。それと関連して第二に，学生の満足度と学生にとっての重要性の評価を組み合わせたデータを収集し，改善のための基礎データとする。そして第三に，学生にとって重要でありながら満足度が低い課題を経営上の介入が必要な領域として捉えるという実践性を有するものとなっている（Kane, D.et. al. 2008：136）。

　このうち特に第二の特徴である満足度と重要性を踏まえて，アンケート結果は表 7-2 のように構造化される。

表 7-2　満足度×重要度に基づく対応策のマトリクス

重要度|満足度	非常に不満	不満	適当	満足	非常に満足
非常に重要	即時の対応が緊急に必要	この領域の対応は優先度高い	将来の改善の対象となる	低下しないように保証し，可能なら改善	高い水準を維持
重要	この領域を大きく改善するために対応	この領域は改善の対象	低下しないように保証	水準を維持	過剰になるのを避ける
それほど重要ではない	リソースが許せば改善	さらなる低下がないように保証	注意は限定的	可能であれば水準を維持	対応の必要はない

出典：Kane, D.（2008：138）

表中,「非常に重要」と回答されながら,満足度について「非常に不満」「不満」と回答されている項目・領域について緊急の対応が求められることになり,他の領域は適宜対応をしていくことになる。学生調査のデータをどのように企画(planning)に利用していくかを考えるにあたり,合理的な判断を行うためのデータ整理・提示が求められることになる。

このアプローチは運営上でも図7-1のような6段階のサイクルとして組織化され,質研究センターによって,調査のデザイン,分析,支援,といった各段階のデータ処理と改善のためのコンサルテーションなど日本における高等教育センターとFDセンターの機能を有する活動が展開されている(CRQ 2009)。

こうした調査結果は小冊子として学生に配布されるとともに,調査データの詳細な分析結果が公表されている(CRQ 2007)。

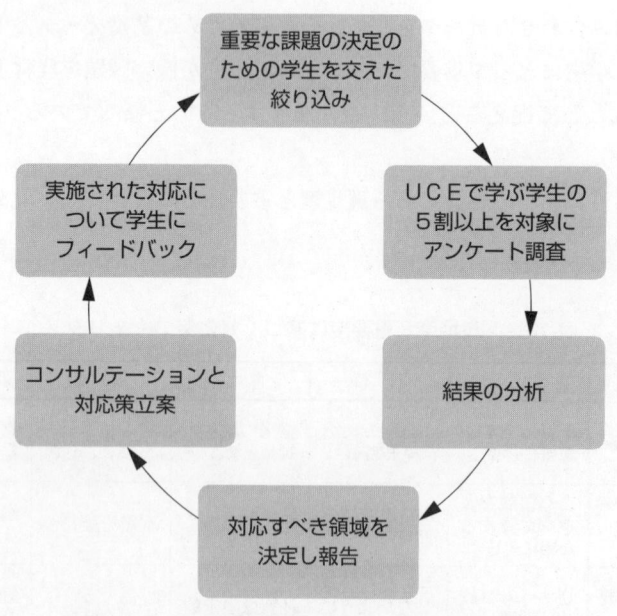

図7-1　学生満足アプローチの6段階サイクル

出典:CRQ 2006

4．全国会議とネットワークの動向

　以上のように，研究者単位での個別実践活動，あるいは旧ポリテクニク出自の新設大学における学習支援センターが中心となって IR が漸進的に進められてきたイギリスにおいて，この数年，IR をめぐる環境が急速に変化してきている。それは全国レベルでの年次 IR 会議の開催とその会議を基盤としたネットワーク作りの機運が高まってきた点に求められる。

　まず，インスティテューショナル・リサーチ研究の成果を公表し議論するための年次大会が開催されるようになった点が注目される。

　2008 年 6 月から，IR に熱心ないくつかの大学，および研究者が一堂に会して研究報告会が開催されている。第 1 回大会は 2008 年 6 月にサウザンプトン・ソレント大学（Southampton Solent University）において，「奥地を探検する：英国におけるインスティテューショナル・リサーチの課題を地図化する 」（Exploring the Hinterlands：Mapping an Agenda for Institutional Research in the UK）を全体テーマとして開催された。2009 年に開催された第 2 回大会はシェフィールド・ハラム大学（Sheffield Hallam University）にて「英国とアイルランドにおけるインスティテューショナル・リサーチの共同体を構築する」（Building a Community for Institutional Research in the UK and Ireland）をテーマとして開催されている。2010 年 6 月にダブリン・シティ大学で開催された第 3 回大会は，「インスティテューショナル・リサーチ：機関の向上，実践，戦略の情報を伝える」（Institutional Research：Informing Institutional Enhancement, Practice and Strategy）とのテーマで開催された。これら 3 回の大会において設定された分科会，およびそこで報告された研究発表は基本的に教育機能改善あるいは学生調査データの収集と活用に焦点が当てられたものが多数を占めており，経営機能改善に関する報告はごく一部に留まっている。

　一方で，こうした年次大会を開催した大学，あるいはその中で主導的役割を果たしてきた個別研究者は，現在さらにワークショップを開催し，IR を個別

機関に導入できるような人材育成に踏み出している。彼らは HEIR と呼ばれるネットワークを構築し，日常的な連携活動を開始し始めたところである。例えばキングストン大学（Kingston University London）では IR に関心を有する研究者が Higher Education Policy and Practice（HEPP）Network を学内に構築し，学内外での IR 実践ならびに高等教育研究の共同化を試みている。特にこの HEPP Network は IR 担当者と高等教育研究者の協働の場を提供することが狙いとされており，セミナーを学内向けに開催するとともに，2009年2月には全国的なネットワークのセミナーも開催された。2010年秋時点で，こうしたワークショップなどの実践を超えた新たな活動は確認できないが，今後の活動が注目されるところである。

5．全国学生調査と IR

さて，イギリスの IR 活動の背景にあるのは，1980年代以降の高等教育改革におけるデータを基盤とした改革への志向，あるいはアカウンタビリティ要請への対応が求められている点に帰着する。とりわけ，情報収集や発信がイギリスは遅れているかというと，必ずしもそうとは言えず，国レベル，とりわけ公費の配分を検討する財政審議会（HEFCs）で研究活動や教育活動に関する情報を収集してくることを通じて，学生に関する全国的な情報収集システムが非常に合理化されて現在まで来ている点が注目される。その延長上で注目されるのが，全国学生調査を国レベルで実施しはじめている点である。

この調査は National Students Survey（NSS）と呼ばれているもので，全英の学士課程学生を対象として回収率は8割程度となっている。この調査では，個別の大学の満足度や様子を，全学的，地域別，個別の機関別で比較可能なデータを作成して公開するというところまで到達し，情報の収集と発信が行われている状況となっている。

さらに，そうしたデータベースを組み合わせて，高等教育機関選択のための UNISTATS と呼ばれるサイトが国レベルで作成されている[1]。このサイトで

は各高等教育機関に関する種々の情報が掲載されており，進学希望者はその情報を見て，自分の希望の機関（大学）を選択することになる。その際のデータとして入学難易度，就職状況，および学生調査の結果が掲載されている。具体

表7-3　イギリスにおける大卒進路状況データ（主な領域）

主な研究領域	ポジティブな進路 (a+b)	大卒相当の職種に就業（在学中を含む） a	進学（非就業）b	大卒に相当しない職種に就業（在学中を含む）	非就業
医学	100%	95%	5%	0%	0%
歯学	99%	99%	0%	0%	1%
薬学等	91%	80%	11%	7%	2%
建築学	89%	87%	2%	7%	4%
ソーシャル・ワーク	81%	76%	5%	14%	5%
教育学	80%	70%	10%	17%	3%
数学	74%	50%	24%	20%	7%
経済学	74%	59%	15%	20%	6%
電子科学	73%	60%	13%	19%	8%
法学	72%	26%	46%	23%	5%
フランス語	69%	46%	23%	27%	4%
生命科学	65%	36%	29%	28%	7%
会計学・財政学	64%	57%	7%	28%	7%
古典・古代史	64%	34%	30%	31%	5%
スポーツ科学	60%	43%	17%	36%	4%
哲学	58%	34%	24%	35%	7%
英語学	58%	35%	23%	35%	7%
言語学	57%	38%	19%	37%	5%
史学	58%	32%	26%	36%	7%
心理学	52%	35%	17%	42%	6%
農業等	51%	39%	12%	42%	6%
社会政策	51%	36%	15%	42%	6%
社会学	50%	36%	14%	44%	6%
全体	75%	51%	24%	19%	6%

出典：UNISTATウェブサイト掲載データに基づいて引用者作成

的には，主にUCASが提供する大学進学に必要なGCEのAレベルで期待される得点に関するデータが入試難易度の指標としての機能を果たしている。また，イギリスの場合は卒業後半年時点での就職状況のデータが蒐集されているために，学士号の学位を取得した卒業生が，その学位の水準，すなわち大学卒相当である専門性を有する，従って収入も相対的に高い仕事にどの程度就いているかというデータが公開されているのである。その上で，さらに学生生活全般を知る指標としてNSSのデータが利用されているのである。

NSS2009のデータおよびUNISTATSに掲載されているデータで興味深いのは，専門領域別に見た卒業後の進路状況のデータである。表7-3にあるように，現在のイギリスでは，学士対応業務への就職率が一番低いグループに社会学が含まれている。もちろん社会学の就職率そのものは悪くなく，学部での学修，その成果としての学士学位に見合ってない仕事に就いている卒業生が相対的に多い状況が示されているということである。つまり，大卒相当の業務に就職できていない卒業生が相対的に多くなっているのが表の下部に位置している専門領域となる。今後，質保証の議論に関しては，こうしたイギリス的な就職先の専門性の保障まで議論されるのかが注目されるところである。

なによりも，こうしたデータも国レベルで公表し，大学進学にあたっての参考資料を提供している点がイギリスにおけるevidence basedの文化を反映したものとなっている点は見逃すべきではない動向だといえるであろう。

6．おわりに

以上のように，イギリスにおけるIR実践は未だ途上にあるが，特に教育機能改善に関する研究・実践の蓄積は徐々に実施されてきている。とりわけ，NSSを利用した各種の研究や実践は過去20年のイギリスにおけるアカウンタビリティ要請や研究・教育評価を軸とした大学改革の動向にも合致し，結果的に学生の大学生活によるアウトカムを大学や来るべき受験生に伝達するシステムが構築されつつある。

こうした動向を踏まえると，個別機関におけるインスティテューショナル・リサーチ活動と同時に，全国一律で収集されたデータに反映される実践をどのように改善していくのかが，イギリスの高等教育機関における大きな課題となっていると思われる。

また，インスティテューショナル・リサーチを大学・機関単位で積極的に進めているのは，従来ポリテクニクであった新大学と呼ばれる大学群である。オクスフォードやケンブリッジを始め，イングランドやスコットランドに位置する伝統的な大学において，インスティテューショナル・リサーチの実践は個別研究者レベルに留まっており，大学単位では主に経営改善などへの関心に留まっている状況であると見られる。こうした動向がどのように転換していくのか，あるいは転換しないまま続くのか，イギリスの改革動向は日本における伝統的大規模大学におけるインスティテューショナル・リサーチの動向を予測する上で，参考になるものと思われる。

【注】
1) UNISTAT のサイトは以下を参照。
http://www.unistats.com/ （2010 年 9 月 30 日）

[付記] 本章の内容は 2010 年度科学研究費基盤C「日英高等教育機関における学生支援に資する大学機関研究（IR）の基礎的研究」（課題番号 22530881）の研究成果の一部である。

第 2 部

日本における
インスティテューショナル・リサーチの
現状と展望

第8章

機関レベルのインスティテューショナル・リサーチ機能の実態と意識
―2008年私立大学調査からの知見―

1. はじめに

　本章では，私立大学における機関レベルのIR機能の実態と意識について，2008年に実施した全国私立大学調査の結果から見ていくこととしたい。

　国内における近年のIRに対する関心の高まりは，先行事例としての個別大学の取り組みにとどまらず，政策的にも反映されている。中教審の大学分科会制度・教育部会は，2008年3月25日の「学士課程教育の構築に向けて」の審議のまとめで「インスティテューショナル・リサーチャー」に言及し，同年12月24日の答申では「大学の諸活動に関する調査データを収集・分析し，経営を支援する職員」の重要性について記述している。また，IRの実体を捉えるために研究上においても，山田（2004；2007a）によるアメリカの事例紹介や鳥居（2005）の海外事例の研究，小湊・中井（2007）の国内の国立大学における先進事例の研究といったIRに関する研究が積み重ねられている。

　このように国内においてIRの導入が模索される中，森（2009）は我が国の高等教育機関においても「少なくとも『伝統的なIRの機能』すなわちデータ

の収集と適時の提供という機能は,学内のどこかで果たされているのではないだろうか」「それがことさらIRとは呼ばれていない」として,「必要なのは,IRの名を冠した部署ではなく,IRの機能なのではないだろうか」と論じている。データの集積や専門的知識を持った人材といった課題を抱えつつも,各大学が持つ従来の機能との連続性の中でIRの機能を捉えることは,IRの導入に対して重要な意味を持つことと考えられる。

それではIRを組織ではなく機能として捉えた場合,日本の大学ではその機能をどこが担っているのだろうか。そして,その機能は今後の方針としてどの程度重視されているのだろうか。このような問いについて,本章ではその実態を見ていくこととする。

2．調査の概要

以下では,『機能改善のための学内の情報収集・検討の現状に関する調査』(早稲田大学教育総合研究所 2007-08 年度一般研究部会 B-14)の調査結果を利用する。この調査は,2008 年度の私立大学 590 校を対象に 2008 年 10-11 月に行われ,回収率は 28.8%(170 校)であった。

本研究では,IRの機能が学内のどこで担われているかということを考える場合,国立大学や公立大学などのその他の設置形態を含めると,「どこで」ということについて想定される担当箇所が広範になってしまうため,対象を限定している。なお,調査対象である全国の私立大学の構成と本調査の回答票の構成を学生規模および所在地の観点から比較した結果,分布に大きな偏りは見られなかったことが確認されている。

調査では,IRに関する機能をアメリカの先行研究(Delaney 1997a, Knight et al. 1997, Rourke & Brooks 1966, Volkwein 1990 など)を参照し,20の機能を抽出し,当該機能の担当箇所とその機能を今後重視する度合いについて尋ねている。加えて,IR担当部局の設置有無を直接的に問うため,調査当時はIRという表現が一般的に認知されているとは言い難い状況であったため,「学内の

データを集中的に管理する組織・部局」と言い換えてその設置の有無を問うている。

3．IR 担当部局の設置と機能

まず，2008年10-11月のIR担当部局の設置について見て行こう。図8-1は，IR担当部局の設置有無の単純集計とIR担当部局を「設置している」と回答した機関について，その設置時期を問うた結果を累積度数で示したものである。

IR担当部局（学内のデータを集中的に管理する組織・部局）を設置していると回答した機関は1割超（14.1％）であり，「設置を予定している」を合わせても2割強（23.7％）である。大半の機関は設置する予定はないと回答していることが見て取れる。「学内のデータを集中的に管理する組織・部局」という表現がどれだけIRを的確に表現し得ているかという問題は存在するものの，IRの主要な機能として学内外のデータ収集と一元的な管理ということがあることは事実であることを踏まえてこの結果をみると，私立大学の多くの機関がIRを担当する組織や部局を設置する方向性にないことが示されているといえるだろう。

一方で，IR担当部局を「設置している」と回答した機関の当該部局の設置時期の累積度数を確認すると，2003年までは数年に1つ部局が設置される傾向にあったが，それ以降になると急速に設置数が増えていることが見て取れる。

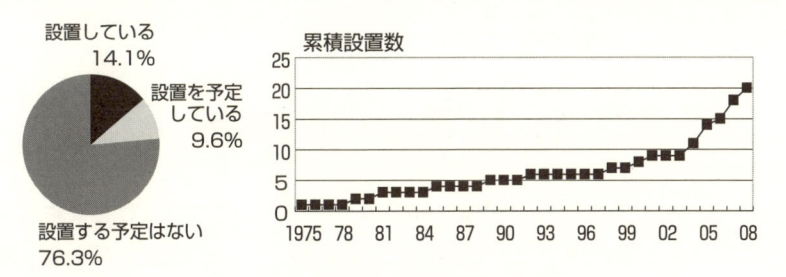

図8-1　IR担当部局の設置有無（N=156）

110　第8章　機関レベルのインスティテューショナル・リサーチ機能の実態と意識

図8-2　IR担当部局の役割

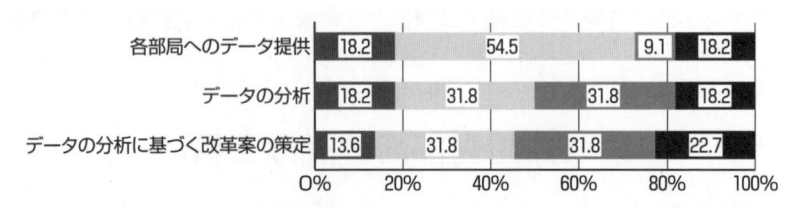

項目	積極的に貢献している	ある程度貢献している	あまり貢献していない	役割はない
各部局へのデータ提供	18.2	54.5	9.1	18.2
データの分析	18.2	31.8	31.8	18.2
データの分析に基づく改革案の策定	13.6	31.8	31.8	22.7

また，図中にはないが，「設置を予定している」と回答した機関にその設置予定年を尋ねたところ，半数以上が2008年，2009年度中に設置を予定していると回答しており，設置数の増加傾向は今後も続くものと考えられる。

次に，そのIR担当部局がどのような機能を担っているのかを示したものが，図8-2である。IR担当部局の役割に関する3つの項目に関して，貢献している度合いを示している。各部局へのデータ提供に関しては，「積極的に貢献している」が2割弱，「ある程度貢献している」が5割強と，合わせて7割強が貢献していると回答している。データの分析に関しては「積極的に貢献している」が2割弱，「ある程度貢献している」が3割強と，貢献していると回答した割合は5割である。データの分析に基づく改革案の策定に関しては「積極的に貢献している」が1割強，「ある程度貢献している」が3割強と，貢献していると回答した割合は5割弱となっている。このことから，一部のIR担当部局は学内のデータを集中的に管理しつつも，データの分析や提供といった機能を持っていないことが確認できる。

4．IR機能の担当箇所

続いて，IRに関する20の機能の担当箇所について見ていくことにする。各機能が日本の私立大学のどこで担われているかについては想定が非常に難しく，例えばセンターや委員会，あるいは事務部局等の組織によって担われてい

る場合もあれば、職員や理事などのある特定の個人によって担われている場合も想定される。さらには、その組織や担当者が常設なのか、あるいはその事業の都度臨時に設置・配置されるものなのかといった違いや、機能の中には「大学」で担われるものと「法人」として担われているものがあることが想定される。

このように大学組織の構造と相俟って当該機能がどこで担われているかの特定は困難な部分があるが、調査では日本私立大学協会附置私学高等教育研究所（2007）を参照しつつ、担当箇所について「大学の常設の組織体等で担当」「大学の臨時の組織体等で担当」「法人の常設の組織体等で担当」「法人の臨時の組織体等で担当」「事務部局で担当」「担当箇所がない」の6つの選択肢によって尋ねている。担当箇所の特定という点では限界はありつつも、例えば先述の特定の個人によって当該機能が担われている場合などはある組織内の個人が担っているという解釈も可能であろう。

表8-1は、IR機能の担当箇所についての単純集計を示したものである。この単純集計の回答傾向からは、これらのIR機能に関する項目について次の5つの特徴が確認できる。すなわち、①「大学の常設の組織体等で担当」の割合が多い項目、②「事務部局で担当」の割合が多い項目、③「大学の常設の組織体等で担当」と「事務部局で担当」とに大別される項目、④「法人の常設の組織体等で担当」と「事務部局で担当」とに大別される項目、⑤「事務部局で担当」と「担当箇所がない」とに大別される項目、である。

まず、①「大学の常設の組織体等で担当」の割合が多い項目としては、「学生による授業評価の教育改善への活用」（81.9％）、「FDの改善に関する情報収集」（77.0％）、「自己点検・評価報告書の作成」（71.3％）、「学生の教育効果の検証」（68.2％）の4項目が挙げられる。授業評価やFD、教育効果の検証といった特に教育面の改善に関する項目が該当しており、これらの機能については大学の常設の組織体、すなわち常設の委員会やセンター等で担われる傾向があることが示されている。

②「事務部局で担当」の割合が多い項目としては、「SDの改善に関する情報収集」（68.2％）と「外部研究資金獲得に関する情報収集」（67.1％）の2項目

表 8-1 各 IR 機能の担当箇所（単純集計）

質問項目	N	大学常設	大学臨時	法人常設	法人臨時	事務部局	担当箇所なし
7. 学生による授業評価の教育改善への活用	160	81.9	0.6	0.6	0.6	14.4	1.9
8. FD の改善に関する情報収集	161	77.0	2.5	0.6	0.0	18.6	1.2
16. 自己点検・評価報告書の作成	160	71.3	4.4	5.0	0.6	18.8	0.0
2. 学生の教育効果の検証	153	68.6	2.0	0.0	0.7	18.3	10.5
9. SD の改善に関する情報収集	159	18.2	0.0	5.0	1.3	68.6	6.9
12. 外部研究資金獲得に関する情報収集	158	19.6	0.6	3.2	0.6	67.1	8.9
1. 学生生活調査の実施	161	46.6	2.5	0.0	0.0	47.2	3.7
3. 学生のキャリア開発の検証	158	52.5	2.5	0.6	0.0	31.0	13.3
4. 学生の退学の動向についての検討	157	56.7	2.5	0.0	0.0	36.3	4.5
11. 教育 GP 申請の準備・検討	159	39.6	15.7	1.3	0.6	34.0	8.8
17. 認証評価の準備	160	56.3	12.5	4.4	0.6	25.6	0.6
20. 学生への財政的支援の検討	160	46.3	2.5	6.3	1.3	39.4	4.4
18. 中長期目標・計画の策定に関する情報収集	154	13.6	4.5	31.2	1.3	45.5	3.9
19. 収入・支出に関する中長期計画の検討	161	3.7	1.2	47.2	3.1	41.6	3.1
5. 卒業生の追跡調査	154	18.2	3.9	4.5	0.0	46.1	27.3
6. 同窓会の機能強化に関する検討	154	13.6	0.0	8.4	0.0	43.5	33.8
10. 産学連携に関する情報収集	159	25.8	1.3	0.6	0.0	47.2	25.2
13. データに基づいた他大学との比較	154	7.8	0.6	7.1	0.6	45.5	38.3
14. 教職員のワークライフバランスに関する検討	151	3.3	1.3	11.3	0.0	27.8	56.3
15. 機関全体の統計レポートの作成	147	7.5	1.4	9.5	1.4	43.5	36.7

が挙げられる。但し，これらの機能については主に事務部局を中心として担われる傾向が示されているが，「大学の常設の組織体等で担当」についても2割弱の割合が確認される点には注意が必要であろう。

③「大学の常設の組織体等で担当」と「事務部局で担当」とに大別される項目としては，「学生生活調査の実施」（大学常設：46.6%，事務部局：47.2%），「学生のキャリア開発の検証」（52.5%, 31.0%），「学生の退学の動向についての検討」（56.7%, 36.3%），「教育 GP 申請の準備・検討」（39.6%, 34.0%），「認証評価の準備」（56.3%, 25.6%），「学生への財政的支援の検討」（46.3%, 39.4%）の5項目が挙

げられる。学生の実態・動向に関する項目や申請の必要な制度的項目が該当しているが，これらの機能については常設の委員会やセンター等で対応している大学と事務部局で対応している大学に大別される傾向があることが示されている。なお，「教育 GP 申請の準備・検討」と「認証評価の準備」については「大学の臨時の組織体等で担当」についても一定の割合が確認される。

④「法人の常設の組織体等で担当」と「事務部局で担当」とに大別される項目としては，「中長期目標・計画の策定に関する情報収集」（法人常設：31.2%，事務部局：45.5%），「収入・支出に関する中長期計画の検討」（47.2%，41.6%）の 2 項目が挙げられる。大学全体としてのプランニングや財務面に関しては，担当箇所として法人としてその機能を担っていることが確認され，そうでない場合は事務部局で担われる傾向が示されている。

⑤「事務部局で担当」と「担当箇所がない」とに大別される項目としては，「卒業生の追跡調査」（事務部局：46.1%，担当箇所なし：27.3%），「同窓会の機能強化に関する検討」（43.5%，33.8%），「産学連携に関する情報収集」（47.2%，25.2%），「データに基づいた他大学との比較」（45.5%，38.3%），「教職員のワークライフバランスの検討」（27.8%，56.3%），「機関全体の統計レポートの作成」（43.5%，36.7%）の 6 項目が挙げられる。これらの項目についてはその機能を有している大学とそうでない大学に大別され，機能を有している場合事務部局がその機能を担う傾向があることが示されている。但し，「卒業生の追跡調査」「同窓会の機能強化に関する検討」「産学連携に関する情報収集」については，「大学の常設の組織体等で担当」も一定の割合で確認される。

5．各 IR 機能を今後重視する度合い

1）全体的傾向

次に，先述の 20 項目の IR に関連する機能と同じ項目を用いて，当該機能を今後どの程度重視するのか，その方針について確認する。

図8-3 各IR機能を今後重視する度合い

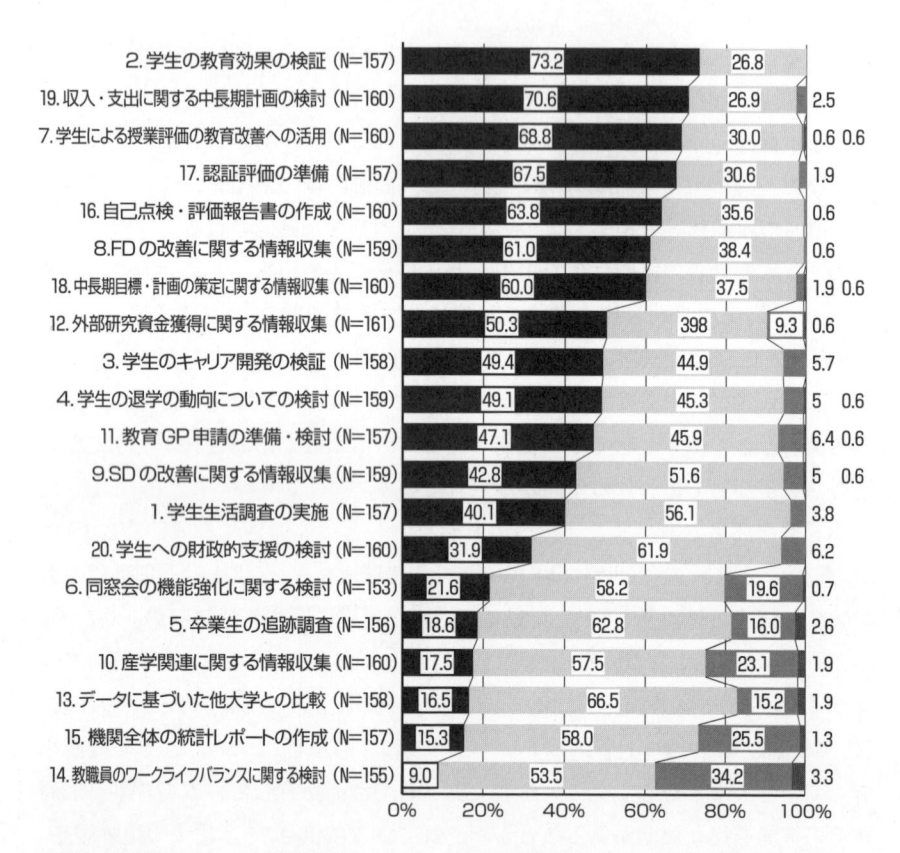

項目	非常に重視している	ある程度重視している	あまり重視していない	全く考慮していない
2. 学生の教育効果の検証 (N=157)	73.2	26.8		
19. 収入・支出に関する中長期計画の検討 (N=160)	70.6	26.9	2.5	
7. 学生による授業評価の教育改善への活用 (N=160)	68.8	30.0	0.6	0.6
17. 認証評価の準備 (N=157)	67.5	30.6	1.9	
16. 自己点検・評価報告書の作成 (N=160)	63.8	35.6	0.6	
8. FDの改善に関する情報収集 (N=159)	61.0	38.4	0.6	
18. 中長期目標・計画の策定に関する情報収集 (N=160)	60.0	37.5	1.9	0.6
12. 外部研究資金獲得に関する情報収集 (N=161)	50.3	39.8	9.3	0.6
3. 学生のキャリア開発の検証 (N=158)	49.4	44.9	5.7	
4. 学生の退学の動向についての検討 (N=159)	49.1	45.3	5	0.6
11. 教育GP申請の準備・検討 (N=157)	47.1	45.9	6.4	0.6
9. SDの改善に関する情報収集 (N=159)	42.8	51.6	5	0.6
1. 学生生活調査の実施 (N=157)	40.1	56.1	3.8	
20. 学生への財政的支援の検討 (N=160)	31.9	61.9	6.2	
6. 同窓会の機能強化に関する検討 (N=153)	21.6	58.2	19.6	0.7
5. 卒業生の追跡調査 (N=156)	18.6	62.8	16.0	2.6
10. 産学関連に関する情報収集 (N=160)	17.5	57.5	23.1	1.9
13. データに基づいた他大学との比較 (N=158)	16.5	66.5	15.2	1.9
15. 機関全体の統計レポートの作成 (N=157)	15.3	58.0	25.5	1.3
14. 教職員のワークライフバランスに関する検討 (N=155)	9.0	53.5	34.2	3.3

図8-3は，20項目それぞれの重視する度合いの単純集計を示したものである。なお，項目については「非常に重視している」の割合を基準にして並び替えてある。「非常に重視している」の割合が最も多いのが「学生の教育効果の検証」であり，次いで「収入・支出に関する中長期計画の検討」「学生による授業評価の教育改善への活用」である。また，「認証評価の準備」や「自己点検・評価報告書の作成」，「FDの改善に関する情報収集」といった近年義務化され

た項目を重視する度合いも大きい。一方で,「教職員のワークライフバランスに関する検討」や「機関全体の統計レポートの作成」「データに基づいた他大学との比較」といった項目は「非常に重視している」の割合が少なくなっている。

2) 因子と規模の関係

この20項目のIR機能を今後重視する度合いについての回答結果について因子分析を行った結果が表8-2である。5因子を抽出し,それぞれの特徴から第1因子は「学生動向」因子,第2因子は「教育改善」因子,第3因子は「プランニング」因子,第4因子は「外部資金」因子,第5因子は「評価対応」因子とした。この各因子について機関の特徴が最も顕著に表れやすい大学の規模の観点からそれぞれがどのような関係にあるかを次に見ていこう。

大学の規模については学部学生数と大学院生数を足し合わせ,四分位をとることとした。その結果を示したものが,図8-4である。これを見ると,規模の大きい機関では「学生動向」因子,「教育改善」因子,「プランニング」因子,「外部資金」因子がプラスの値を示しているのに対し,規模の小さい機関ではその逆の傾向を示している。すなわち,「学生動向」因子,「教育改善」因子,「プランニング」因子,「外部資金」因子がマイナスの値を示している。一方で,「評価対応」因子については中規模の機関で値がプラスになっており,規模の大きい機関ではマイナスの値を示している。

このことはIRを機能という形で細分化した場合でも,機関の規模によって学内の課題意識やIR機能の方向性が大きく異なることを示唆している。特に規模の大きい大学で各因子を重視する度合いが大きかったことについては,全学的な方針や施策を打ち出すために,より複雑かつ複合的な組織において学内のコンセンサスを得るプロセスを通じて,IRの各機能が担うデータの収集・分析・報告といった役割が重視される傾向があることが推察される。それに対して規模の小さい機関ではIRのような定式化された方法に依拠しなくとも,学内のコンセンサスや学生への個別の対応が可能であるため,相対的に機能を

重視する度合いが小さくなったと考えることも可能であろう。

表8-2　各IR機能を今後重視する度合いの因子分析結果

	因子					
	I	II	III	IV	V	共通性
5. 卒業生の追跡調査	0.682	-0.012	0.072	-0.115	-0.101	0.415
6. 同窓会の機能強化に関する検討	0.674	-0.102	-0.046	-0.105	0.042	0.317
14. 教職員のワークライフバランスに関する検討	0.592	-0.132	0.088	0.229	0.062	0.559
15. 機関全体の統計レポートの作成	0.540	0.074	0.160	-0.004	0.032	0.487
1. 学生生活調査の実施	0.527	0.331	-0.115	-0.055	-0.061	0.427
4. 学生の退学の動向についての検討	0.493	0.100	-0.256	0.044	0.171	0.272
20. 学生への財政的支援の検討	0.417	0.060	0.146	0.094	0.102	0.423
2. 学生の教育効果の検証	-0.041	0.758	-0.006	-0.050	0.060	0.536
7. 学生による授業評価の教育改善への活用	0.087	0.752	-0.205	-0.107	0.016	0.456
8. FDの改善に関する情報収集	-0.263	0.684	0.159	0.233	-0.045	0.597
9. SDの改善に関する情報収集	0.105	0.616	0.265	-0.054	-0.055	0.671
3. 学生のキャリア開発の検証	0.231	0.376	-0.097	0.085	-0.064	0.265
19. 収入・支出に関する中長期計画の検討	-0.092	-0.048	0.991	-0.090	0.027	0.757
18. 中長期目標・計画の策定に関する情報収集	-0.018	-0.047	0.842	-0.042	0.086	0.646
13. データに基づいた他大学との比較	0.362	-0.008	0.402	0.053	-0.086	0.480
11. 教育GP申請の準備・検討	-0.153	-0.014	-0.130	0.910	0.099	0.600
12. 外部研究資金獲得に関する情報収集	0.085	-0.037	0.277	0.518	-0.139	0.558
10. 産学連携に関する情報収集	0.286	-0.007	-0.082	0.436	-0.058	0.333
17. 認証評価の準備	0.036	-0.037	0.044	0.029	0.980	0.986
16. 自己点検・評価報告書の作成	0.025	0.271	0.191	0.010	0.395	0.450
寄与率	31.7%	6.2%	5.5%	4.7%	3.0%	

		I	II	III	IV	V
	I	1.000				
	II	0.555	1.000			
因子相関行列	III	0.568	0.565	1.000		
	IV	0.563	0.453	0.645	1.000	
	V	0.204	0.305	0.235	0.162	1.000

主因子法，プロマックス回転

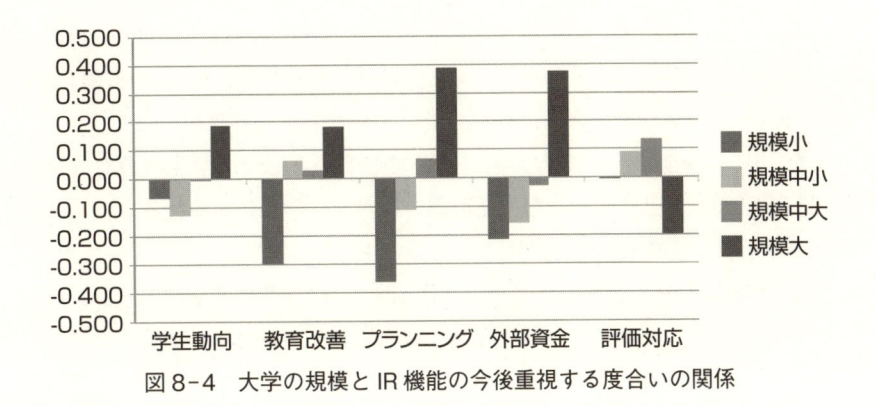

図 8-4　大学の規模と IR 機能の今後重視する度合いの関係

6．おわりに

　本章では，私立大学における機関レベルの IR 機能の実態と意識について，2008 年に行われた全国私立大学調査の結果から見てきた。本章で得られた知見をまとめると以下のようになる。
　まず，学内のデータを集中的に管理する組織・部局としての IR 組織を有しているのは 1 割強であり，ほとんどの大学は IR 組織を有しておらず，設置する予定もないという状況が確認された。本調査は調査設計時点では IR という用語が必ずしも周知されているわけではなかったため，その点は考慮する必要があるだろう。しかし一方でこの結果は，新たな組織や部局として IR を実施していくことの現状としての難しさの一端を示しているように思われる。わが国の私立大学で IR を機能させていくためには，欧米の大規模大学に見られるような IR 専門の担当部局ではない，違った枠組みが必要になってくるだろう。
　次に，IR に関する機能について各機能を担当する組織体をみると，大学の常設の組織体等で担当する機能と，事務部局で担当する機能が多く，担当する組織体がないというのは一部の機能であることが確認された。これは森が指摘した IR の「機能」はすでに学内のどこかで果たされているという主張を追認

する結果となっている。その点で学内に散在する種々の情報を集約・整理し，データの分析結果をフィードバックするという「最も基本的なIRの機能」（森，2009：9）をどのように担保し，果たしていくかという点が課題になる。

　また，IRの機能の今後の方向性についての意識として「学生の教育効果の検証」，「収入・支出に関する中長期計画の検討」，「学生による授業評価の教育改善への活用」等の項目で「非常に重視している」の割合が大きくなっており，一方で「教職員のワークライフバランスに関する検討」，「機関全体の統計レポートの作成」，「データに基づいた他大学との比較」といった項目は「非常に重視している」の割合が小さくなっていることが確認された。前者については高等教育機関全体を取り巻く共通の課題となっていることが示唆され，それについての個別大学の取り組みとともに，その情報を共有し，全体の底上げを図っていく必要があると考えられる。

　加えて，IRに関する機能を今後重視する度合いについては大学の規模の影響が確認され，規模が大きい機関ほど積極的に，規模が小さい機関ほど消極的な姿勢が確認された。これについては，大学の機関特性に相応しいIRのあり方というものが考えられ，一律に1つのIRの形を適用するのではなく，様々な形の多種多様なIRに関連する実践を包摂する概念としてIRを捉えていく必要性を示唆している。

第9章

学部レベルではインスティテューショナル・リサーチはどのように捉えられているか
―2009年ベネッセ調査からの知見―

1．はじめに

　本章では，わが国の大学における学部レベルでのIRに対する意識について，2009年度にBenesse教育研究開発センターによって実施された「質保障を中心とした大学教育改革の現状と課題に関する調査」(以下，ベネッセ調査と略す)の結果から見ていくこととする。前章では機関レベルのIRに対する意識について見てきたが，大学の組織構造を考えると，必ずしも機関レベルの意識と学部レベルの意識は一致するとは限らず，複数の水準から実態を捉える必要がある。

　本章で利用する2009年度のベネッセによる調査は，高等教育を取り巻く環境変化を踏まえ，「教学改革の実効性を高めるための自己点検・評価の実態や，社会との接続を念頭においた汎用的能力の育成，グローバル化に対応する留学施策など，質保障への取り組みを中心とした大学教育改革に関連する今日

的課題への対応を把握する」(Benesse 教育研究開発センター，2010：2)ことをねらいとして，2009年10月に全国の国公私立の4年制大学の各学部を対象にして郵送法により実施されたものである。回収率は41.7％（回答数／配票数：851/2,043）であった。

　その調査目的から確認されるように，ベネッセ調査は近年の大学改革に関する事項を広く取り扱っているわけであるが，本章では特にIRに関連する設問の調査結果を中心に，わが国のIRの現状について，IRの必要性に対する意識とその取り組みを促進するための課題として何を重視するのかについて検討していくこととする。なお，紙幅の関係から，主に単純集計や大学の基本的属性である設置形態との関係性，ならびに具体的な意見を示す自由記述回答の結果に焦点化する。本調査の詳細な調査結果については Benesse 教育研究開発センター（2010）を参照されたい。[1]

2．IR は大学に必要なのか？

　まず，IR は大学にとって必要とされているのだろうか，という点を確認する。図9-1は「あなたは，大学の自己点検・評価やそれに基づく改善を確実に実行するために大学教育や経営上の各種情報の収集や分析を行ういわゆるIR（Institutional Research）を，貴大学にとって，どの程度必要と思いますか」という設問に対する回答結果を示したものである[2]。

　最も割合が大きい回答は「とても必要である」と「まあ必要である」で，その割合はいずれも4割弱となっており，なんらかの形で必要性を感じている回答の割合は8割弱にのぼる。よって大半の学部では大学におけるIRの必要性が認識されているといえる。

　態度を保留する「どちらともいえない」という回答は1割ほど確認されるが，必要性に対する否定的見解を示す「あまり必要でない」や「まったく必要でない」という回答はほとんど確認できない。また，IR そのものについての認識を示す「IR がどのようなものか分からない」という回答もわずかであり，大

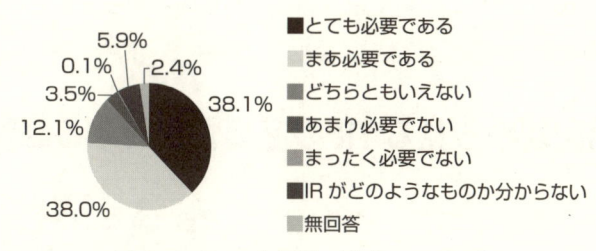

図9-1 IRの必要性（全体：n=851）

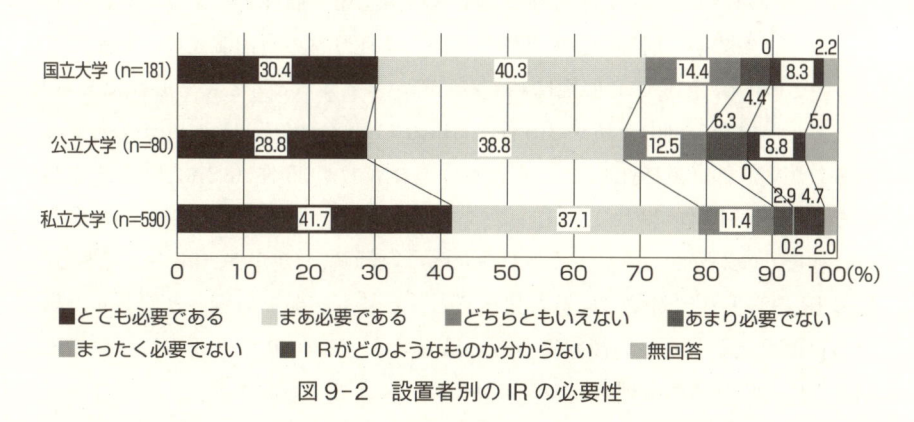

とても必要である 38.1%
まあ必要である 38.0%
どちらともいえない 12.1%
あまり必要でない 3.5%
まったく必要でない 0.1%
IRがどのようなものか分からない 5.9%
無回答 2.4%

図9-2 設置者別のIRの必要性

設置者	とても必要である	まあ必要である	どちらともいえない	あまり必要でない	まったく必要でない	IRがどのようなものか分からない	無回答
国立大学 (n=181)	30.4	40.3	14.4	8.3	0	4.4	2.2
公立大学 (n=80)	28.8	38.8	12.5	8.8	0	6.3	5.0
私立大学 (n=590)	41.7	37.1	11.4	2.9	0.2	4.7	2.0

学関係者の間でのIRについての認識は調査時点で一般的なものとなっているといえる。

次に，このIRの必要性について，設置者別に結果を示したものが図9-2である。「とても必要である」の割合については，国立大学で3割（30.4%），公立大学で3割弱（28.8%），私立大学で4割（41.7%）となっており，私立大学と国公立大学の間で意識に差があることが確認される。このことは，設置者という点で私立大学の学部ではIRの必要性が他と比べ強く認識される傾向があることを示唆している。また，国立大学では態度を保留する「どちらともいえない」の回答割合や，国立大学と公立大学ではIRについての認知を示す「IRがどのようなものか分からない」の回答割合が若干多いことを考え合わせると，

私立大学の学部ではIRについて積極的かつ具体的な関心を寄せる傾向があると考えられる。

3．自由記述から見るIRの必要性に対する認識の理由

では，より具体的にはIRの必要性に対してどのような認識を持っているのだろうか。この点についてベネッセ調査では，具体的な意見にアプローチするためにIRの必要性に対する回答の理由を自由記述で回答するように設計されている。その結果，回答全体の53.9%にあたる429件の自由記述の回答を得ている。その内訳をIRの必要性に対する回答から捉えると，「とても必要である」と回答した場合の自由記述が215件（自由記述回答全体の50.1%），「まあ必要である」が155件（36.1%），「どちらともいえない」が35件（8.2%），「あまり必要でない」が14件（3.3%），「まったく必要でない」が1件（0.2%），「IRがどのようなものか分からない」が8件（1.9%），「無回答」が1件（0.2%），である。先のIRの必要性に対する回答と比べると「とても必要である」と回答した場合の自由記述が若干多い傾向にある。以下では，このIRの必要性についての回答別にその具体的な理由について見ていくこととする。

1）「とても必要である」の自由記述（215件）

IRの必要性に対して「とても必要である」と回答した場合の自由記述の215件について，ここで全てに言及することはできないが，その中で比較的多く見られる代表的意見について以下で検討する。主な意見としては，①IRの必要性の強調，②具体的なIR機能への期待，③専門組織・専門人材の必要性，といった意見が確認できる。

①IRの必要性の強調に関する意見としては，「『必要性』以外の何物でもない。」（私立大学，人文科学系）や「諸々の情報収集および分析は，今後の自己点検・評価活動にとって非常に重要であるため。」（私立大学，社会科学系），「質

の高い教育，研究を担保するためには必要不可欠であると考える。」(国立大学，理工系）というようなIRの必要性に対する「とても必要」という回答をさらに補強・強調する意見が挙げられる。

②具体的なIR機能への期待に関する意見としては，その一つに客観的データへの期待を寄せる意見が挙げられる。「客観的な自己像を把握しなければ，有効な改善が行えないから。」(国立大学，その他），「思いこみ，決めつけから脱し，データに基づく大学改革を実行したいと考えているから。」（公立大学，社会科学系），「確実な改善を行うには，各種情報や客観的データに基づいた改善案でなければならないから。」(私立大学，社会科学系），「慣例的な動きを打破する意味から，客観的な判断材料を提供するIRが必要である。」（私立大学，医歯薬・保健系）といった意見にはIRが収集するデータと分析の結果示されるであろうデータの客観性に対する期待が窺える。

加えて，「自己点検・評価を行っただけに終わらせることなく，将来的な課題を発見するための指標として有意義なものにしていくべきだと考える。」（国立大学，農水産系）や「自己点検・評価に充分な情報の収集と分析が，現在，必ずしもできていないため。」（私立大学，社会科学系）といったIRを通じた自己点検・評価の充実に加え，「経年変化の把握，入試区分別など，学生の"層"別の特徴の把握。学生実態を踏まえた教学上の手立ての提起に不可欠。」（私立大学，理工系）や「IRなくして適切なトレンドを把握できないから。」（私立大学，その他），「大学をとりまく情勢変化に的確に対応するため。」（私立大学，その他）という，学生の実態の把握や時系列的な変化についての動向分析や環境分析といったIRの具体的な内容に踏み込んだ意見も複数確認できる。

これらの期待とともに③専門組織・専門人材の必要性に言及する意見も多数確認できる。「大学職員や一般の事務職員が行える業務には限りがあり，情報の収集や分析を専門的な知識を持つ職員が遂行することが大学の状況を定期的に分析することが重要である。」（私立大学，理工系）や「従来は素人集団（教員にしても事務職員にしても）が行ってきたが，より専門的な技術を身につけた者がIRを実施した方が生産的だと実感しているから。」（私立大学，その他），「教学・

経営の双方に通じた教職員の育成にもつながる。もちろん大学の発展にも必要だが。」（私立大学，人文科学系），「私学は教学と経営のバランスが重要であり，専門プロフェッショナルが教員と事務職員に常に情報を供給して意識を共有化する必要がある。」（私立大学，医歯薬・保健系）というように，大学が現状としている課題から専門スタッフの必要性，あるいはその養成への期待が窺える。

2）「まあ必要である」の自由記述（155件）

IRの必要性に対して「まあ必要である」と回答した場合の自由記述の155件からは，IRの必要性や期待が示される意見もある一方で，IRの導入に対して慎重な姿勢を見せる意見も数多く寄せられている。

まず，IRの必要性や期待が示される意見としては，「これからの大学経営には，正確で十分な情報に基づく体系的・組織的取り組みが肝要であると考える。」（私立大学，その他）や「社会的な存在としての大学である以上，IRは欠かすことができない。」（私立大学，社会科学系）といったIRの必要性を強調する意見のほか，「『評価文化』を根付かせるためには，『評価』自体が客観的・説得的でなければならない。」（国立大学，社会科学系）や「多くの大学を共通の視点で捉えたデータがあれば，自校の改善にも役立てられる。」（公立大学，社会科学系），「一般教職員の負担を軽減し，効果的に取組を改善に結びつけられるだろうから。」（国立大学，理工系）といった客観的データやIRによる教職員の負担軽減を期待する意見は，先と同様に見受けられる。

また，「学生確保のための長期的戦略，出口保証のための長期的戦略の2つが必要と考えたから。」（国立大学，教員養成系）や「自己点検・評価の結果がより有効的に活用できると予測される。」（私立大学，人文科学系）といったより具体的なIRの内容に言及する意見も同様に確認できる。

さらに，ここでも「今は専門ではない教職員が片手間にやっているので，専門家育成が必要となっているため。」（国立大学，教員養成系）や「専任部門および専任担当者がいないと他の業務に支障がある。」（国立大学，医歯薬・保健系），

「広範囲に情報を収集し分析するには，それに相応した人材，体制が必要。」（私立大学，社会科学系）といった専門組織・専門人材の必要性を挙げる意見は複数確認される。

　一方でIRの導入に対して慎重な姿勢を見せる意見としては，「IRの内容がまだバクゼンとしているから。」（私立大学，医歯薬・保健系）や「イメージが明確ではない。よく分からない。」（私立大学，理工系）といったIRの実態の不明さを挙げる意見や，「教育，経営上の各種情報の収集や分析は必要と思われるが，それに要する労力，費用，時間が課題である。」（私立大学，医歯薬・保健系）や「必要性はあるが，IRを実施するための基礎資料の収集・整理に十分対応できるのか，また，その分析結果をどの程度改善に結びつけられるかイメージできない。」（私立大学，その他）といった実際のIRの実行可能性を問う意見，あるいは「特別な分析が必要と考えない。」（私立大学，社会科学系）や「IRがあれば望ましいが，それがないと困るというわけでもない。」（私立大学，社会科学系），「定量的データがないと目標設定が抽象的であいまいになる。一方，教育の本質には量的に計り得ない部分もあるので，あまりデータに拘泥しすぎるのも問題がある。」（私立大学，理工系）といったIRの意義や活動内容に対して距離を置く意見も複数見られる。

　また，「単科大学規模の観点から，IRの定義が多少異なってくると思われる。」（私立大学，人文科学系）や「本学は小規模であり，総務課の中である程度必要な情報の収集ができるので，特に不自由はしていないが，専任がいると仕事がはかどることは確かである。」（私立大学，その他），「小さな大学では無理。」（私立大学，人文科学系）といったIRの活動内容と機関特性との関係性に言及する意見も確認できる。

3）「どちらともいえない」の自由記述（35件）

　IRの必要性に対して「どちらともいえない」と回答した場合の自由記述の35件からは，次のような意見が確認される。

一つは，IRの実態の不明さに関するものであり，「IRの位置付け，これまでとの差異がまだ明確でない。」(私立大学，教員養成系)や「具体的にどのような取組が可能か現状ではわからない。」(私立大学，その他)といった意見のほか，「IRそのものがどの程度機能するか不明だから。」(私立大学，人文科学系)や「IRの結果が提示されれば使えるであろう。」(私立大学，社会科学系)というようなIRの効果が明らかになるまで態度を保留する意見が見受けられる。

加えて，機関特性の関係から，あるいはIRそのものの必要性を問う意見も見られ，「大学運営上IRは必須であるが，本学の場合それを制度化して運用する程学校規模が大きくない。」(私立大学，人文科学系)や「専門に特化した単一学部の大学のため，現状の把握はそれ程困難ではなく，ダイレクトに改善策に結びつけることができる。」(私立大学，その他)，あるいは「従来の自己点検・評価で足りる。」(私立大学，社会科学系)という意見も寄せられている。

4)「あまり必要でない」「全く必要でない」の自由記述 (14件, 1件)

IRの必要性に対して否定的といえる「あまり必要でない」「全く必要でない」と回答している自由記述からは，次のような意見が確認できる。

一つはコストの問題を指摘する意見であり，「人件費が新たに必要となるため。」(公立大学・その他)，「おそらくコスト面で折り合わないだろうから。」(私立大学・その他)といった意見がある。また，「充分な分析をしてくれるとは期待できない。」(国立大学・人文科学系)，「平たい一般的な情報しか得られないのではないか。」(国立大学・教員養成系)，「大学・学部の個性を一律化してしまうことをおそれるから。」(私立大学・人文科学系)といったIRによる情報収集や分析に対して疑問を投げかける意見も見られる。

さらに，「大学での専門教育は各学部が担うべきもの。各学部が主体的に取り組むことが先決。」(私立大学・社会科学系)，「大学の本来の役割は教育と研究である。周辺事項に余りに多くの時間を費やさせるものは全て望ましくない。学校は学生管理機関ではない。」(私立大学・人文科学系)，といった大学の本来

の姿を問う意見や,「第三者評価の技術・精度・評価者のあり方に検討が必要だから。」(私立大学・社会科学系),「現在の自己点検・評価があまりに自己満足的ないし形式的なものなので,『実行』に結びつけられると弊害も大きい。」(私立大学・人文科学系)のような,現行制度を問題視する意見も確認される。

5)「IR がどのようなものか分からない」の自由記述(8件)

IR の必要性に対して「IR がどのようなものか分からない」と回答している自由記述からは「内容が分からない。」(私立大学・人文科学系)といった意見のほか,「IR がどのようなものか理解した上で判断したい。」(私立大学・理工系),「1学部だけなので,IR の必要があるかどうか不明。」(私立大学・人文科学系),「現在,本学では教学企画部が実務を担当し,それなりに機能しているので,IR の実態機能がどのようなものか具体化しないと判断できない。」(私立大学・人文科学系)といった態度の保留を示す意見や機関特性を考慮したときの IR の必要性の不明さ,現状の組織活動との差異と代替可能性に関する意見が含まれている。

これらの自由記述の回答を表にまとめたものが,表 9-1 である。

4．IR を促進するためにはなにが必要か

1)全体の回答傾向

8割近くの学部で大学における IR の必要性が認識される中で,IR の導入の障害となっているのはなにか,そして IR をより積極的に進めていくためにはなにが課題となるのか。この点についてベネッセ調査では,IR への取り組みを促進するために重要なことを問うことによってアプローチしている。より具体的には IR への取り組みに影響を及ぼすと想定される 12 項目について,それぞれ重要と思う意識の度合いを問うている。その結果の全体の傾向を示したものが,図 9-3 である。

表9-1　IRの必要性に対する認識の理由（自由記述）

とても 必要である (215件)	□思いこみ，決めつけから脱し，データに基づく大学改革を実行したいと考えているから。（公立大学，社会科学系） □慣例的な動きを打破する意味から，客観的な判断材料を提供するIRが必要である。（私立大学，医歯薬・保健系） □自己点検・評価に充分な情報の収集と分析が，現在，必ずしもできていないため。（私立大学，社会科学系） □経年変化の把握，入試区分別など，学生の"層"別の特徴の把握。学生実態を踏まえた教学上の手立ての提起に不可欠。（私立大学，理工系） □大学職員や一般の事務職員が行える業務には限りがあり，情報の収集や分析を専門的な知識を持つ職員が遂行することが大学の状況を定期的に分析することが重要である。（私立大学，理工系） □従来は素人集団（教員にしても事務職員にしても）が行ってきたが，より専門的な技術を身につけた者がIRを実施した方が生産的だと実感しているから。（私立大学，その他） 　　　　　　　　　　　　　　　　　　　　　　　　　　　　　　　　　など
まあ 必要である (155件)	□多くの大学を共通の視点で捉えたデータがあれば，自校の改善にも役立てられる。（公立大学，社会科学系） □一般教職員の負担を軽減し，効果的に取組を改善に結びつけられるだろうから。（国立大学，理工系） □今は専門ではない教職員が片手間にやっているので，専門家育成が必要となっているため。（国立大学，教員養成系） □教育，経営上の各種情報の収集や分析は必要と思われるが，それに要する労力，費用，時間が課題である。（私立大学，医歯薬・保健系） □必要性はあるが，IRを実施するための基礎資料を収集・整理に十分対応できるのか，また，その分析結果をどの程度改善に結びつけられるかイメージできない。（私立大学，その他） □定量的データがないと目標設定が抽象的であいまいになる。一方，教育の本質には量的に計り得ない部分もあるので，あまりデータに拘泥しすぎるのも問題がある。（私立大学，理工系） □単科大学規模の観点から，IRの定義が多少異なってくると思われる。（私立大学，人文科学系） 　　　　　　　　　　　　　　　　　　　　　　　　　　　　　　　　　など
どちらとも いえない (35件)	□IRの位置付け，これまでとの差異がまだ明確でない。（私立大学，教員養成系） □IRそのものがどの程度機能するか不明だから。（私立大学，人文科学系） □大学運営上IRは必須であるが，本学の場合それを制度化して運用する程学校規模が大きくない。（私立大学，人文科学系） □専門に特化した単一学部の大学のため，現状の把握はそれ程困難ではなく，ダイレクトに改善策に結びつけることができる。（私立大学，その他） 　　　　　　　　　　　　　　　　　　　　　　　　　　　　　　　　　など
あまり 必要でない (14件) まったく 必要でない (1件)	□人件費が新たに必要となるため。（公立大学・その他） □大学・学部の個性を一律化してしまうことをおそれるから。（私立大学・人文科学系） □大学の本来の役割は教育と研究である。周辺事項に余りに多くの時間を費やさせるものは全て望ましくない。学校は学生管理機関ではない。（私立大学・人文科学系） □第三者評価の技術・精度・評価者のあり方に検討が必要だから。（私立大学・社会科学） 　　　　　　　　　　　　　　　　　　　　　　　　　　　　　　　　　など
IRがどの ようなもの か分からない (8件)	□IRがどのようなものか理解した上で判断したい。（私立大学・理工系） □1学部だけなので，IRの必要があるかどうか不明。（私立大学・人文科学系） □現在，本学では教学企画部が実務を担当し，それなりに機能しているので，IRの実態機能がどのようなものか具体化しないと判断できない。（私立大学・人文科学系） 　　　　　　　　　　　　　　　　　　　　　　　　　　　　　　　　　など

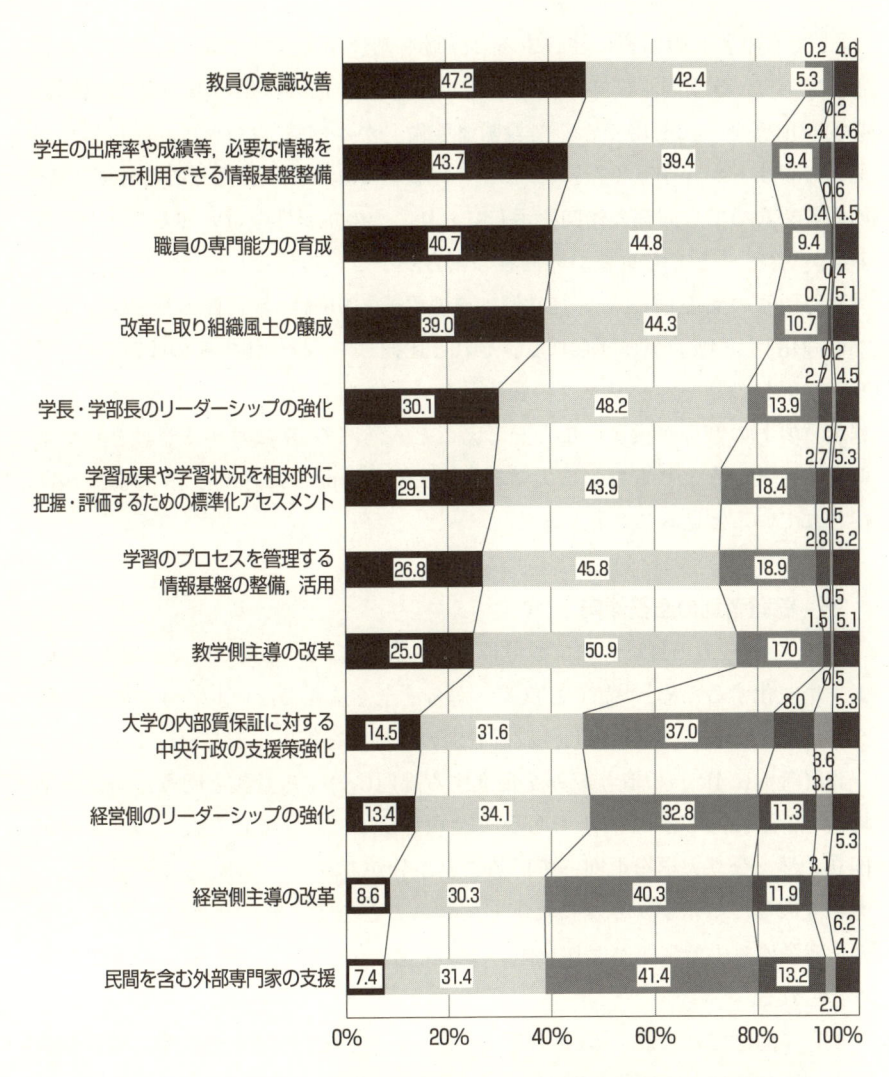

4. IRを促進するためにはなにが必要か　129

項目	とても重要	まあ程度重要	どちらともいえない	あまり重要でない	全く重要でない	無回答
教員の意識改善	47.2	42.4	5.3	0.2		4.6
学生の出席率や成績等，必要な情報を一元利用できる情報基盤整備	43.7	39.4	9.4	2.4	0.2	4.6
職員の専門能力の育成	40.7	44.8	9.4	0.4	0.6	4.5
改革に取り組組織風土の醸成	39.0	44.3	10.7	0.7	0.4	5.1
学長・学部長のリーダーシップの強化	30.1	48.2	13.9	2.7	0.2	4.5
学習成果や学習状況を相対的に把握・評価するための標準化アセスメント	29.1	43.9	18.4	2.7	0.7	5.3
学習のプロセスを管理する情報基盤の整備，活用	26.8	45.8	18.9	2.8	0.5	5.2
教学側主導の改革	25.0	50.9	17.0	1.5	0.5	5.1
大学の内部質保証に対する中央行政の支援策強化	14.5	31.6	37.0	8.0	0.5	5.3
経営側のリーダーシップの強化	13.4	34.1	32.8	11.3	3.2	3.6/5.3
経営側主導の改革	8.6	30.3	40.3	11.9	3.1	5.3
民間を含む外部専門家の支援	7.4	31.4	41.4	13.2	4.7	6.2/2.0

図9-3　IRへの取り組みを促進する課題（全体：n=851）

「とても重要」の回答に注目すると,最も割合が大きいのは「教員の意識改善」であり,5割弱（47.2%）となっている。次いで,「学生の出席率や成績等,必要な情報を一元利用できる情報基盤整備」が4割強（43.7%）,「職員の専門能力の育成」が4割（40.7%）となっている。これらの項目は「ある程度重要」の回答を含めても同様の傾向を示しており,その重要性を窺い知ることができる。一方で,「とても重要」の回答の割合が小さい項目としては「民間を含む外部専門家の支援」（7.4%）「経営側主導の改革」（8.6%）「経営側のリーダーシップの強化」（13.4%）が挙げられる。それと比較して「教学側主導の改革」や「学長・学部長のリーダーシップの強化」といった項目では「とても重要」「ある程度重要」の割合が大きいことを考えると,学部のIRに対する意識としては経営強化というよりもむしろ大学教育の実質的な改善に対するIRの貢献が期待されていると見ることもできる。

2) 設置者別の回答傾向

次に,これらの項目について設置形態との関係について見ていく。以下では,より単純化するため,「とても重要」から「全く重要でない」の5件の選択肢を2点から-2点に点数化し,設置者別の平均値を算出する。

設置者別にIRへの取り組みを促進する課題に対する意識を問うた結果の平均値を示したものが図9-4である。12項目全てにおいて私立大学の平均値が国立大学,公立大学を上回っていることが分かる。先のIRの必要性に関しても私立大学ではポジティブに反応していることを考え合わせれば,IRの必要性を意識する中で課題がより具体的に顕在化し,意識されているということも考えられる。

項目に関してみれば,「教員の意識改善」「学生の出席率や成績等,必要な情報を一元利用できる情報基盤整備」「職員の専門能力の育成」「改革に取り組む組織風土の醸成」に関しては国公私を通じて項目の中での平均値が高くなっている。私立大学の回答傾向と国立大学および公立大学の回答傾向は異なっているが,その中でも大きな意識差が見られる項目としては,「学長・学部長のリー

4. IRを促進するためにはなにが必要か

■─ 国立大学   □─ 公立大学   ■─ 私立大学

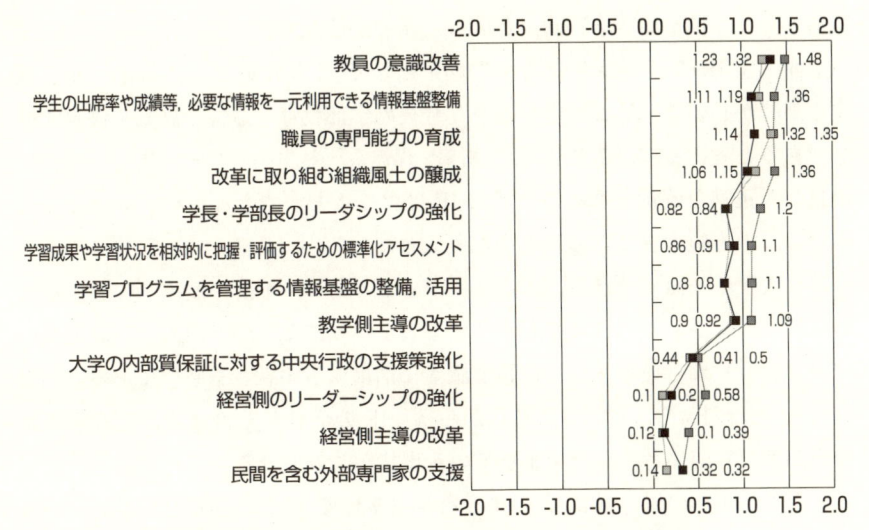

項目	国立	公立	私立
教員の意識改善	1.23	1.32	1.48
学生の出席率や成績等, 必要な情報を一元利用できる情報基盤整備	1.11	1.19	1.36
職員の専門能力の育成	1.14	1.32	1.35
改革に取り組む組織風土の醸成	1.06	1.15	1.36
学長・学部長のリーダーシップの強化	0.82	0.84	1.2
学習成果や学習状況を相対的に把握・評価するための標準化アセスメント	0.86	0.91	1.1
学習プログラムを管理する情報基盤の整備, 活用	0.8	0.8	1.1
教学側主導の改革	0.9	0.92	1.09
大学の内部質保証に対する中央行政の支援策強化	0.44	0.41	0.5
経営側のリーダーシップの強化	0.1	0.2	0.58
経営側主導の改革	0.12	0.1	0.39
民間を含む外部専門家の支援	0.14	0.32	0.32

図9-4 設置者別IRへの取り組みを促進する課題

ダーシップの強化」と「経営側のリーダーシップの強化」が挙げられる。これは設置者による管理運営形態の差異が影響しているものと考えられるが、国立大学と公立大学では私立大学に比べて慎重な態度を示しているといえる。

また、国立大学と公立大学で意識差が見られる項目としては、「職員の専門能力の育成」と「民間を含む外部専門家の支援」がある。これを積極的に解釈すれば、公立大学はIRを促進する事項として職員志向、国立大学ではやや外部志向、私立大学はその双方の志向を有していると考えることもできる。但し、「民間を含む外部専門家の支援」に関してはそもそも平均値が低いことからその解釈については留意が必要だろう。

3) IRへの取り組みの促進に対する自由記述

IRへの取り組みの促進に対してより具体的な意見にアプローチするため、本項目においても自由記述が設定されている。その結果、49件（全体の5.8%）

の回答が得られた。主な意見の内容として，①IR の必要性への賛同，②IR のあり方，③慎重論・本質論，といった類型が確認できる。

まず，①IR の必要性を強調する意見として，「各収集した情報を一元管理する部署が必要で，そこが中心となり今後の学部教育・運営の施策を決定すべきであると考える。」（私立大学，医歯薬・保健系）や「リーダーに適切な情報を提供し，迅速な改革を進めるために IR は欠くことができない。アメリカの大学では，地方短大までこの制度を取り入れている。」（私立大学，その他），あるいは「大学は一面で『自主』，『自立』が必要であり，不断の改革への努力が求められる。しかし，それはともすれば一人よがりになりがちであり，先進校のデータや行政から提供される情報を謙虚に活用する柔軟さも必要である。」（公立大学，社会科学系）といった意見からは，IR の活動とその必要性に対する認識が高等教育関係者の間で深まっている現状が読み取れる。

また，「学生への質の保証，どのような学生を育て，どこに送りだすのかといった明確なものがないと生き残れなくなる。すべては学生のためにある大学という認識が必要で，そのための IR が必要になっている」（私立大学，医歯薬・保健系）や「入学から卒業するまでにどんな支援が可能であるか，その成果はあったか，という業務を基本とする時，各部署における業務は，どの部分に相当し，各個人の業務はどういう役割を果たしているのか，他の部署との関係性はどうなのか，といった視点を持って仕事をすることが肝要である。特に，他の部署との関係性においては，種々のデータ収集，提供は，自部署より他部署にとって有効であることが重要である。」（私立大学，社会科学系）といった IR の具体的機能や役割，それに対する期待にまで踏み込んだ意見も複数確認できる。

さらには「学部での IR 機能を充実させるための IR 室（仮称）の設置を試みている。現在，本学部の研究力及び教員資源の把握に努めている。」（国立大学，理工系）といった具体的な取り組みに至っているという意見も見受けられた。

これらの意見からは IR に対する強い動機と具体的な役割といったものが一部の学部では意識されており，実行の段階に移りつつある状況が垣間見られる。

次に，②IR のあり方に関する意見について，より細かく分類すれば主に「組

織のあり方に関する意見」「人材に関する意見」「財政問題の指摘」の3点が挙げられる。

　まず，組織のあり方に関する意見として，「一定のレベルまでは教員の自己努力による成果が期待できる。教職員の認識の向上のためには，取り組みに対する評価が必要であり，そのシステム構築には経営側と教学の管理部門の連携が不可欠です。」（私立大学，社会科学系）や「管理部門と教学部門の連携を強化して意思疎通を図り，経営と教学が一体となることにより，安定的な高等教育の継続が実現されると考えている。」（私立大学，人文科学系）といった意見が確認できる。ここでは教学側主導，あるいは経営側主導ということではなく，双方の連携によるIRの構築の重要性が指摘されている。

　人材に関する意見としては，「IRの取り組みの重要性については，これまでも認識していたが，それを担当する人手不足もあり，あまり進んでいない。今後は役割を明確化し進めて行きたい。」（私立大学，社会科学系）や「教員・職員の負担が増大しないような配慮をした上で，IRを促進する必要がある。そのためには専任のスタッフを配置する等の対応が有効かも知れない。」（国立大学，その他），あるいは「教員には研究と教育をやらせて欲しい。管理業務の洪水を起こし，上記に必要な時間をうばわないで欲しい。」（私立大学，人文科学系）といった意見が確認される。これらの意見からは，IRの重要性と必要性を認識しつつも新たな負担としてIRが導入されることへの警戒と，IRが有効に機能するためには専門スタッフが必要という認識が示されている。

　一方，財政問題の指摘に関する意見では，現状としてのIR導入の困難さがうかがえる。「IRの促進には専門スタッフが必要である。そのために財政的支援が不可欠である。現在のような運営費交付金の毎年1％減などの状況下では絶対無理である。」（国立大学，理工系）や「IRを必要と思うが，教職員の削減の中そのような組織作りが困難。」（国立大学，農水産系），「各種情報の収集や分析が重要であるにしても，大学の資金，ポストも限られており，それらの充実が先に必要である。」（国立大学，医歯薬・保健系），「私学助成等，国の財政支援が必要。」（私立大学，社会科学系），「小規模大学への支援の充実に期待して

います。」（私立大学，その他）といった意見からは，IRの必要性を認識しつつも実際には高等教育経営環境の苛烈化から，新たな仕組みとしてのIRの導入が容易ではないことを窺い知ることができる。よって，IRの導入を進展させるためには，これらの意見で主張される財政的支援のあり方に加え，より効率的にIRが実施される枠組みを検討することが期待される。

　③慎重論・本質論に関する意見としては，「部局間の特性の違いをどう反映させるかが問題。」（国立大学，農水産系）や「管理強化・平準化に向かう懸念をもつ。大学・学部の個性とその維持増進に役立つものでなければならない。」（国立大学，社会科学系），「幅広い大学教育の分野とその学部の目指すところは変化に富んでおり，評価をどのようにすれば良いのか困難を極めることが予想される。」（私立大学，その他），「先生方の自発性を重んずる方策でなければ，実効性はない。教える側が話し合って，自発的に行動することを重視しなければならない。」（私立大学，人文科学系）といった専門分野間の差異や特性にどのように配慮するのか，またそれが可能なのかといった懸念や，学部自治や教員自治を主張する意見等が見受けられた。

　また，「政府主導の改革の押しつけは，過去の経験からみればあまり歓迎できない。各大学・各学部の特性をふまえたうえで独自に検討すべきである。」（私立大学，その他）や「政府などの中央行政に頼ることなく，学部・大学の自助努力が重要であると考えている。」（私立大学，農水産系）といった政策・制度レベルでIRが強制化されることへの警戒感とともに，あくまでも個別大学あるいは各学部の必要性に応じてIRが実施されるべきという意見も確認できる。

　さらに「IRへの取り組みの促進に傾注するあまり，教員の教育の質の向上が阻害されはしないか気になる。」（私立大学，社会科学系）や「改革による改悪も多数発生する。教育機関が教育を受ける学生の変化に引きずられていくことで，大学の本質が失われないようにすることが重要である。」（国立大学，理工系），「学問の本質からはなれすぎている。国の根幹を支える学問に対しもっと情熱をかたむけるべき。教育者等にたよりすぎた学問のあり方を忘れた教育行政の不毛さへの反省。」（私立大学，その他）といった，大学の本質といった

IRの必要性への賛同	□各収集した情報を一元管理する部署が必要で，そこが中心となり今後の学部教育・運営の施策を決定すべきであると考える。（私立大学，医歯薬・保健系） □学生への質の保証，どのような学生を育て，どこに送りだすのかといった明確なものがないと生き残れなくなる。すべては学生のためにある大学という認識が必要で，そのためのIRが必要になっている。（私立大学，医歯薬・保健系） □入学から卒業するまでにどんな支援が可能であるか，その成果はあったか，という業務を基本とする時，各部署における業務は，どの部分に相当し，各個人の業務はどういう役割を果たしているのか，他の部署との関係性はどうなのか，といった視点を持って仕事をすることが肝要である。特に，他の部署との関係性においては，種々のデータ収集，提供は，自部署より他部署にとって有効であることが重要である。（私立大学，社会科学系）　　　　　　　　　　　　　　　　　　など
IRのあり方 ・組織 ・人材 ・財政	□一定のレベルまでは教員の自己努力による成果が期待できる。教職員の認識の向上のためには，取り組みに対する評価が必要であり，そのシステム構築には経営側と教学の管理部門の連携が不可欠です。（私立大学，社会科学系） □IRの取り組みの重要性については，これまでも認識していたが，それを担当する人手不足もあり，あまり進んでいない。今後は役割を明確化し進めて行きたい。（私立大学，社会科学系） □教員・職員の負担が増大しないような配慮をした上で，IRを促進する必要がある。そのためには専任のスタッフを配置する等の対応が有効かも知れない。（国立大学，その他） □IRを必要と思うが，教職員の削減の中そのような組織作りが困難。（国立大学，農水産系） □各種情報の収集や分析が重要であるにしても，大学の資金，ポストも限られており，それらの充実が先に必要である。（国立大学；医歯薬・保健系）　　　　　　　など
慎重論 本質論	□管理強化・平準化に向かう懸念をもつ。大学・学部の個性とその維持増進に役立つものでなければならない。（国立大学，社会科学系） □幅広い大学教育の分野とその学部の目指すところは変化に富んでおり，評価をどのようにすれば良いのか困難を極めることが予想される。（私立大学，その他） □政府主導の改革の押しつけは，過去の経験からみればあまり歓迎できない。各大学・各学部の特性をふまえたうえで独自に検討すべきである。（私立大学，その他） □IRへの取り組みの促進に傾注するあまり，教員の教育の質の向上が阻害されはしないか気になる。（私立大学，社会科学系）　　　　　　　　　　　　　　　　　　など

表9-2　IRへの取り組みの促進に対する自由記述

観点からIRに対する懸念が表明される意見も複数確認される。

　これらの自由記述の代表的な回答を表にまとめたのが表9-2である。これらの自由記述の内容は，先のIRの必要性に対する自由記述の内容と共通する部分も多いが，学部レベルでのIRに対する認識の生々しい実態の一端を表しているように思われる。恐らく，それぞれの学部内ではIRの必要性への賛同やIRのあり方をどうしていくのかという実質的な意見，あるいは慎重論・本質論などが複雑に入り組みながら，IRというものが捉えられつつあるという

のが現状だろう。IRを推進するためには，ここで表明されているような懸念や制約について説得的に対応していく必要があるだろうし，IRを否定するのであればここで表明されているようなIRの必要性やIRに対する期待の背後にある問題意識を，IR以外の手段によって解決していく道筋を示していく必要があるだろう。

5．まとめ

　本章では，日本国内の大学の学部レベルでのIRについての意識について，2009年度に実施されたベネッセ調査の結果から確認してきた。まず，IRの必要性については大半の学部でその必要性が認識されているということが明らかになるとともに，設置者別では私立大学でIRの必要性が他と比べ強く認識される傾向にあることが示された。

　また，IRの必要性に関する自由記述からは，IRの必要性やその機能への期待，あるいは専門組織・専門人材の必要性を指摘する意見がある一方で，IRの実態の不明瞭さや意義を疑問視する意見，あるいはコストや機関特性などからIR導入の困難さを指摘する意見などが確認された。

　次に，IRへの取り組みを促進するための課題としては，「教員の意識改善」を挙げる割合が最も多く，学内の意識や組織文化といったものがIR導入の障害になっている可能性が示唆された。加えて，その因子分析の結果と学部特性の関係からは，若干ではありつつも学部特性間で差異があることが確認された。このIRの促進課題に関する自由記述についても，IRの必要性への賛同やIRの組織・人材・財政に関するあり方の指摘，あるいは慎重論・本質論といった意見があることが確認された。

　これらのことから，次のようなことがいえる。

　1つには，多くの大学が学部レベルでもIRの必要性を認識しているが，その背後にある問題意識はそれぞれの学部特性によって異なるという点である。このため，その問題意識に従ったIRの導入・推進の必要性と可能性の検討が

必要になってくる。よってIRの導入は政策ベースではなく，個別のニーズに適合する学内の課題ベースに従うべきと考えられるだろう。

加えて，組織，人材，財政等のIRのあり方については，自由記述の意見に示されているように，大学の特性を考慮する必要があるだろう。例えば小規模機関でのIRということを考えれば，新たな負担にならない枠組みを考えていくことが必要になってくる。一方での専門的人材の必要性も勘案すれば，第6章で論じられたオランダの例のように中間組織の利用といったあり方も考えられる。このように，IRを一定型で論じるのではなく，様々なあり方を模索し，多様な実践が積み重ねられていくことが，総体としてわが国のIRを推進する上で重要なことと考えられる。

【注】
1) 本章は，Benesse教育研究開発センター（2010）『質保証を中心とした大学教育改革の現状と課題に関する調査報告書』の「Ⅳ　IRへの取り組みについて」（pp.58-75）をもとに，加筆修正したものである。
2) 2009年の調査設計時点ではInstitutional Researchという言葉は高等教育関係者の間で広く認識されつつあったものの，一般的にどこまで認知されているのかは不明であったため，回答に影響を及ぼすリスクを考慮しつつ，IRについての広い定義という意味で，「大学の自己点検・評価やそれに基づく改善を確実に実行するために大学教育や経営上の各種情報の収集や分析を行う」という説明書きをつけている。

第10章

日本におけるインスティテューショナル・リサーチの可能性と課題
―実践例からの示唆―

1．はじめに

　本書では，海外の事例や歴史的背景を踏まえつつ，インスティテューショナル・リサーチの概要を捉えてきた。第1章では概念の整理を行い，第2章から第5章までは主にアメリカの歴史的発展過程や機能別取組を踏まえて日本への示唆を読み取り，第6章と第7章では日本と同様の発展段階にあるオランダとイギリスの状況を概観した。その上で，第8章と第9章では日本の状況について全国調査のデータから捉え直してきた。全体を通じて，インスティテューショナル・リサーチの過去から現在の状況までを捉えてきた。
　こうした議論や現状の確認の中で，改めて問われる論点が見えてくる。第一に，改めてインスティテューショナル・リサーチの機能をどこに求めるのか，つまり経営改善に特化するか，教育機能改善に焦点を当てていくか，あるいはあくまで認証評価や情報提供機能に特化したものとして認識するかについて

も，改めて事例を踏まえて意識しておくことが，とりわけ今後個別機関にインスティテューショナル・リサーチ機能を導入しようとしたときに問われるものと思われる。第二に，海外の事例を踏まえて日本で実際に何が可能かと考えていくに当たり，論点として，改めて高等教育研究とインスティテューショナル・リサーチとの関係をどのように捉えたらよいのかが問われるであろう。そして第三に，日本でインスティテューショナル・リサーチを導入するにあたり，先導的事例から何を学ぶことができるのかであり，今後の展開として何が想定されうるのかという点である。特にこの第三の論点は，すでに一定の成果を上げてきたと思われる事例や今後注目すべき事例を，類型を踏まえて提示することが必要であろう。

　本章では，第2節で従来からの高等教育研究とインスティテューショナル・リサーチとの関係について考察することで第二の論点について確認する。その上で，第一の論点と第三の論点を捉え直すために，第3節では経営機能改善を目指した実践例，第4節では教育機能改善を目指した実践例，そして第5節では認証評価に関わるデータ収集機能の充実の実践例を概観する。その上で，実際にデータをどのように活用しうるのかについて，第6節では事例を紹介する。第6節までで「現在」を捉え直した上で，第7節ではインスティテューショナル・リサーチをめぐる新たな議論を確認し，最後に第8節で改めて日本におけるインスティテューショナル・リサーチおよびその部局の導入可能性について整理することとしたい。

2．高等教育研究との関係

　アメリカにおけるIRをその発展の初期段階で紹介した喜多村（1973）は，高等教育研究と自己調査（インスティテューショナル・リサーチ）との関係について，前者が解明的機能を有するものであるのに対して，後者が特定の高等教育機関の特に経営機能の改善を意図したものであることを指摘している。確かに，高等教育研究が一般的・普遍的な課題の解明を志向するのに対して，イン

スティテューショナル・リサーチ自体は特定の機関を対象とし，そのデータを収集し，分析を行って，当該機関の政策立案に資することを志向する。この点で，高等教育研究そのものとインスティテューショナル・リサーチとは異なるものであり続けている。

しかし大学の大衆化が進行する中でインスティテューショナル・リサーチを機能させるにあたり，高等教育研究はまったく独自に進められているか，あるいはそうすべきなのかといえば，必ずしもそうではないというのが現在の日本の現状であるように思われる。

特に，先導的な実践を行ってきた大学は，インスティテューショナル・リサーチ担当部局を設置するにあたり，その多くが高等教育研究の部局も有している点が注目される。例えば，名古屋大学，九州大学，愛媛大学，立命館大学，法政大学などの先導的大学はいずれも，インスティテューショナル・リサーチ部局と同時に，高等教育関連の諸研究を実施するための高等教育研究センターないしFDなどの機能を有する大学教育センターが早期に設置され，かつ有機的に機能している大学である点を指摘できる。

確かに一部の大学では，インスティテューショナル・リサーチ担当部局が一見研究センターなどとは関連していないような構造のまま，理事会ないし理事長や担当理事の管轄となっている事例も見られる。しかし高等教育研究を志向する学内の文化・雰囲気が存在している中で，インスティテューショナル・リサーチが計画され，実施されてきたのがこれまでの日本の状況である。

上述のセンターは研究のみならずFDおよびSDの実践をその機能の一部としてきており，結果的に教育機能改善や経営機能改善に寄与する研究・実践を積み重ねてきたところが多い。その知見を一定の前提としつつ，本格的なインスティテューショナル・リサーチの部局を組織化し，実践してきたと見ることができるのではないだろうか。

3．経営機能改善を目指した実践例

IR の日本への本格的な導入過程において注目されたのが，大学経営改善における指評やデータの活用という側面であった。これら2つの事例はそのまま IR であるとは言えないが，IR 導入を進めていく中で，一定の意義を有しているものと思われる。

1） 立命館大学の TERI

経営改善実践の代表例としては立命館大学の TERI（Total Educational Reform Indicator）の導入が注目される（沖裕貴・井口不二男他 2009）。TERI は「立命館大学で開発した教育改革総合指標であり，先行するマネジメント手法を比較検証しながら，独自に教育改革活動ならびにそれを実施する組織のマネジメント能力を包括的に評価する」（沖裕貴・井口不二男他 2009：102）ことが目指されている。この教育改革総合指標は，認証評価に対応した「プロセス」と「サブプロセス」，82 の点検項目からなる「キー・プロセス・エリア」，その具体的達成目標を含む「キー・プラクティス」，4 段階で構成される「成熟度レベル」，定量的指標からなる「結果指標・基準」とベンチマークとしての「他大学等の参照データ」，学部の中期計画からなる「4年間の行動計画」から構成され，運用されている（沖裕貴・井口不二男他 2009：103）。[1]

2） 大学経営評価指標

また IR 的性格を有する経営改善改革の一例として，大学行政管理学会と日本能率協会とによる大学経営評価指標が注目される。本指標は，作成目的が指標による「見える化」を進めることが一つの狙いとなっているようであり，そのプロセスでは学生や社会との関係で各種のアンケートを実施し，データを収

集・活用することが想定されている（「大学経営評価指標」委員会 2007）。

　評価指標では 12 の大学使命群が示されており，使命群の構造からみて，教育機能の充実や学生支援が使命群に含まれていつつ，そうした使命を達成する前提として大学経営の多様な側面による改善が意識されているものとなっている。この点については特に室蘭工業大学がそのサイト上に本指標に関連するアンケート調査のデータや分析結果を毎年公表しており，示唆に富む。

　現段階で第四期となっている「大学経営評価指標」委員会の活動では，教育力向上マネジメント力の向上を目指して，教職協働のあり方について研究が進められている。普遍的な指標や協働のあり方が求められ，検討されるのか，GP（Good Practice）のように優れた実践例として提示され，普及が模索されるのか，研究成果の蓄積が注目される（松井 2009；「大学経営評価指標」委員会 2007 など）。

4．教育機能改善を目指した実践例

　一方，教育改善や学生支援をより重視した IR 実践，ないしそのためのデータ収集・分析として，(1) 大学間で共通の学生調査を実施し，類似する機関間でのデータを比較することを通じて，個別機関の特質を明らかにするという取組と，(2) 個別機関内で教育実践を改善する取組が見られる。前者の事例として，同志社大学の山田礼子教授を中心とした JCIRP（旧 JCSS）や JFS といった全国調査とそれに基づく分析があげられる。一方後者の事例として，大阪市立大学や島根大学の事例が代表的なものである。

1）　機関間のデータ比較の取組

　JCIRP は 2004 年度から山田教授の研究グループで進められてきた学生の教育評価をめぐる研究開発の成果として実施されている学生調査である。アメリカで実施されている学生調査の一つ CIRP を元に日本版 CIRP（JCIRP）を開発

し，この学生調査によって収集されたデータに基づきアンケートに参加した諸機関内でインスティテューショナル・リサーチを実践し，あるいは調査実施母体である同志社大学高等教育・学生研究センターによる分析結果を提供し，それを諸機関で活用していくことが想定されている（山田 2009）。

さらに文部科学省の平成 21 年度「大学教育充実のための戦略的大学連携支援プログラム」に，複数大学の協働による教育機能改善を目的として実施される学生調査や学習成果の測定を中核とした二つのプログラムが採択されている。一つは同志社大学を中心として北海道大学，大阪府立大学，甲南大学からなる「相互評価に基づく学士課程教育質保証システムの創出－国公私立 4 大学 IR ネットワーク」事業であり，もう一つは関西国際大学を中心として神戸親和女子大学，比治山大学，比治山大学短期大学部からなる「データ主導による自律する学生の学び支援型の教育プログラムの 構築と学習成果の測定」事業である。前者はすでに 1 年目の成果を報告書としてまとめており，成果の全国的な共有が期待される。

その他，ベネッセの学生調査や東京大学で実施されたデータなども IR 分析のデータとして活用していく可能性を秘めているものである[2]。

2） 機関内でのデータ収集に基づく教育機能改善

こうした全国レベルないし複数機関内での学生調査に基づく支援活動の一方で，一機関の中で教育改善を志向した改革の事例も無視できない。たとえば，大阪市立大学大学教育研究センターの活動とその中から発生した IR の必要性に対する認識が注目される。

大阪市立大学大学教育研究センターは 2003 年に設立され，全学共通教育の開発や FD プログラムの開発・実践と並行して学内の教育活動に関する調査を実施してきた。この学内調査の成果検証の中で改めて情報の活用をめぐる非効率性が言及されており，特に類似した調査を実施することによってデータそのものの信頼性の低下や調査への不信感が高まることへの危惧が確認されてい

る。具体的には，IR が構築されていないことによる大学のデメリットとして，部局ごとのデータの汎用性が低いことによる部局を超えた利活用の困難さ，部局間での連携したデータ蓄積の困難さ，部局間で類似した調査が重複して企画・実施されることによる非効率が指摘されている（大久保 2010：93）。

　こうした課題を踏まえて，センターの報告書では，大学として収集すべき情報が「大学教育の成果に関する情報，および成果に至るプロセスに係わる情報」であるとして，IR の機能を有する「教育推進情報室（仮称）」の設置が提言されている。

　大阪市立大学の事例は，(1) 教育機能改善を軸とした IR 活動を志向している点，および (2) IR 活動が重視される前提として，大学教育研究センターが設置され，センターによる一定の情報収集や研究の蓄積が存在し，その蓄積を基盤として IR が想定されている点で，一つの典型的事例であると考えられる。

　一方島根大学では教育開発センターを中心として教学 IR を提唱し，各種調査や実践を展開している。本事例の特徴は初年次教育に関する学生調査や実践支援（山田剛史 2007）から卒業時調査まで在学中の学生の認知的・情緒的発達に関するデータを収集し，教育改善に直接活用しようという取り組みがなされている点である。またその成果は例えば卒業生調査結果の経年分析などといった形で公開されており（島根大学教育開発センター 2009），こうした成果を大学や各部局がどのように活用していくのかが注目される。

　なお，こうした大学教育センターと総称される研究機能と研修（FD, SD）機能を有する組織が，特に教育機能改善に着目したインスティテューショナル・リサーチ実践を行っている点は改めて指摘しておきたい。高等教育全般に関する一定の研究蓄積を通じてはじめて，教育機能改善が進められることを示唆しているからである。

5．データ収集に特色を有する実践例

　評価対応を軸としつつ，経営改善や教育改善の基盤となるデータ収集機能に

ついての先進的な事例として，九州大学や法政大学の事例があげられる。

九州大学大学評価情報室はこの課題に早期から取り組んできた大学として知られる（佐藤仁・森雅生他 2009 等）。九州大学の場合，特に認証評価や法人評価との関係で，教員のデータベース作成の必要性に注目し，「九州大学大学評価情報システム」を構築したこと，またその過程においてデータ収集の組織化や『九州大学ファクトブック（Q-Fact）』の公表に到達した点が注目される。

同様に点検・評価に関する情報収集に特色を有する事例として，法政大学総長室付大学評価室の活動が挙げられる（法政大学 2009 等）。大学評価室は法政大学の自己点検・評価活動の見直しの過程で 2008 年 11 月に設置された部署である。法政大学の自己点検・評価活動は，実施主体としての自己点検委員会，自己点検評価報告書の客観的評価を実施する大学評価委員会，および全体の企画立案・調整を担う点検評価企画委員会が総長の下に組織されている。これらの委員会の事務局の機能を有しつつ，新たな自己点検・評価体制構築のための情報収集・調査・分析を担うのが，大学評価室となっている。現在まで大学評価室セミナーの開催，ニューズレターの刊行などを通じて，情報発信を行っており，また卒業生アンケート等，IR 機能の充実も図られつつあるところである。

データベース構築，特に自己点検・評価および認証評価対応を軸にした IR の充実という点で，いずれの事例も参考にすべきものとなっている。

6．教育改善に資するデータの利用の一事例

さて，教育改善のために IR によって収集されたデータを活用するという点において，その具体的イメージが構築しにくいとの意見が見られる。全国調査のデータをどう読み取り活用していくかの視点については，山田礼子（2009）にいくつかの事例が紹介されているが，本稿でもデータを活用して，教育改善の方向性を明らかにすることを試みる。

まず大学入学までの経験・活動および志願・受験行動と，大学入学後の満足度や学生自身の自己評価との関わり方を JFS2008 調査のデータから確認し，

満足度・自己評価の高低を踏まえた個別大学の対応策を検討する[3]。

大学の満足度について，本稿では大学全体，および授業・生活・設備面での満足度という3類型を設定してみたい。JFS2008調査では，大学の満足度について複数の質問項目で尋ねており，それを対象に因子分析を行い，生じた3因子について，教養教育や専門教育の授業に関する「授業」因子，学習支援や就職・奨学金制度などに関する「生活」因子，およびPC環境や図書館などに関する「設備」因子と名づけた。

以上の類型を踏まえつつ，三つの論点について仮説的な知見を示してみたい。

1）入試類型と満足度

入学前の状況によって規定されている入試形態などと入学後の満足度との関係については，以下の2点の特徴を読み取ることができる。

第一に，第一希望の学校・学部であるかどうかについては第一希望とそれ以外とで満足度に大きな違いが生じる。当該大学が第一希望であった学生では26.0％が大学教育全体に関する高満足度群に，35.2％が低満足度群に属するのに対して，第二希望以下であった学生では高満足度群が18.8％に留まり，低満足度群が44.8％に達している。これは入学した学部が第一希望であったかどうかについてもほぼ同様の傾向が示されている。

第二に，入試形態に注目すると，推薦入試による合格者では授業・生活・施設の満足度がいずれも相対的に高くなっているのに対して，センター試験による入学者や一般入試による入学者では全般的に満足度が有意に低くなっている。その一方，一般入試・センター試験による入学者は，教養や学力について平均以上の力量を有していると自己評価する割合が高いのに対して，推薦入試や内部推薦による入学者は平均以下であるとする割合が高い。特に平均以下という自己評価を行う者は，内部推薦者（44.7％）・推薦入試（43.1％）で高く，一般入試（21.6％）・センター試験（23.2％）で低い。

これらの結果は，入試形態や学力の自己評価と満足度との関係がねじれてい

る可能性を示唆しているように思われる。一般に学力面で不安が叫ばれている推薦入学による入学者は，確かに学力面での自己評価は高いとはいえないものの，しかし現状の大学教育全体，特に学生生活支援に対する満足度は高くなっている。一方で学力面が高いと想定され，実際にその自己評価も高くなっている学力試験による入学者層は，現状に対して満足しているとは言い難い。

　各大学，あるいは各学部において，こうした全国的な傾向と当該大学・学部の回答傾向が同様であるとすれば，今後の教育改革の方向性，とりわけ焦点にすべき対象として，一般入試での入学者層を中心とした「高学力・低満足」層に対応する教育プログラムを想定するのか，推薦入学者を中心とした「低学力・高満足」層に応じて現状のプログラムを継続することが望ましいのか，どのように捉えるかについては，データの分析，その上での立案といったIRが機動していく必要があるだろう。

2）保護者の位置づけ

　受験校の決定，入学する大学の決定にあたって保護者や高校教員の意見の重

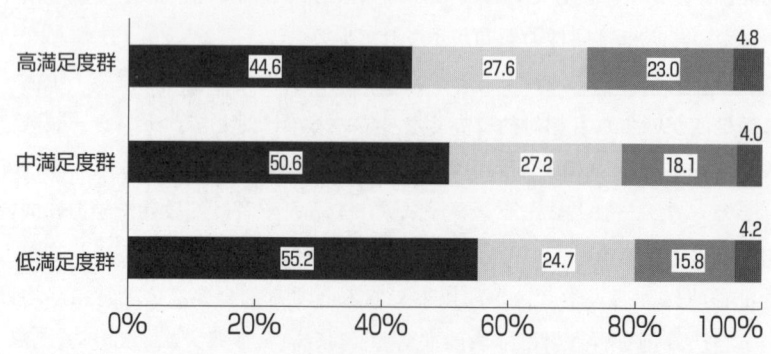

大学進学時親の希望 × 大学満足度

	まったく重要でない	あまり重要でない	ある程度重要	とても重要
高満足度群	44.6	27.6	23.0	4.8
中満足度群	50.6	27.2	18.1	4.0
低満足度群	55.2	24.7	15.8	4.2

図10-1　親の希望と大学教育満足度とのクロス集計

要性を認めている場合は，満足度が高くなる傾向がみられる。

　図10-1は進学する大学の決定にあたって，親の希望が重要であったかどうかについての設問と大学教育全体の満足度とのクロス集計である。親の意向を尊重する学生で満足度が高くなる傾向がみられる。同様の傾向は高校教員の勧めに対する評価でも確認される。

　これらの結果は，保護者や身近な高校教員との関係が良好であった学生が現行の大学教育に対する満足度も高くなっていることを示している。保護者や高校側に対して正確かつ適切な情報提供を実施し，その助言によって学生を当該大学に誘導し，満足度の水準を上げていくという方策も一考の価値がある。

3) 高校時代の社会化とそれによる学生の類型化の必要性

　さらに，高校時代の経験の評価として社会化の度合を尺度として学生を類型化してみたい。JFS2008調査で高校3年での活動状況に関して尋ねた質問項目を対象に因子分析を行い，発見された2因子について，主にボランティア・政治活動など準社会的活動6項目を含む「順応型」，飲酒・喫煙など逸脱的行為3項目を含む「逸脱型」と命名し，両類型とも最低1つを経験したと回答した場合「高」，まったく経験したことがないと回答した場合「低」として，両者の組み合わせによって4類型を設定した。なおこの類型の命名については，逸脱型に含まれるからといって当該学生が逸脱型文化を担って生活しているという意味ではなく，あくまで相対的な意味で用いている点に留意されたい。

　さてデータを確認してみると，高順応・低逸脱型（4,086人，21.1％）は規範に忠実で現状に満足している層であり，高順応・高逸脱型（4,928人，25.5％）はあらゆることに興味関心をもって積極的に活動する層である。一方，低順応・高逸脱型（4,911人，25.4％）は学校・社会に対する不満を具体的に表出する傾向のある層であり，低順応・低逸脱型（5,395人，27.9％）はあらゆる社会的な活動に積極的ではない層と整理される。

　ではそれぞれの類型に属する学生は大学生活にどのような評価を行っている

表10-1　高校における社会化4類型と大学満足度

（単位%）	授業満足度			生活満足度			設備満足度		
	低	中	高	低	中	高	低	中	高
高順応・高逸脱型	23.5	50.5	26.0	28.3	38.0	33.8	37.8	39.9	22.3
高順応・低逸脱型	19.9	48.2	31.9	24.6	36.7	38.7	30.5	43.9	25.7
低順応・高逸脱型	26.0	53.6	20.4	29.7	45.2	25.1	41.0	40.9	18.1
低順応・低逸脱型	22.6	52.5	24.9	26.8	44.8	28.4	37.1	41.9	20.9

のであろうか。

　表10-1にみられるとおり，大学生活をめぐる授業満足度，生活満足度，設備満足度のいずれについても，高順応・低逸脱型で満足度がもっとも高く，高順応・高逸脱型と低順応・低逸脱型がそれに続き，低順応・高逸脱型の満足度がもっとも低くなっている。特に高順応・低逸脱型は学生生活をめぐる項目で高い満足を示している。

　結果を見る限り，低順応・高逸脱型の学生には，大学教育に対して背を向けている学生が含まれているように見える。彼らの個別の不満を受け止め，改善を図っていくことは重要である。しかし，社会化が十分進んでいない可能性のあるこの群の学生に対しては，授業など既存の指導制度の充実以前に，いかに社会化を進め，あるいは入学した大学に対して肯定的な意識を涵養するかといった取り組みをはかっていく必要もあるだろう。

　同様に，低順応・低逸脱型の学生は，学力面での自己評価は低くないにもかかわらず，何事に対しても積極的ではないという傾向が顕著に示されており，日常の授業・大学生活では大学・教員側から見えにくくなっている可能性がある。

　低順応型の二つの群の学生はいずれも，特にリーダーシップや協調性といった対人関係能力についての自己評価が低く，加えてPCの活用能力やプレゼンテーション能力など，初年次教育で育成が図られるべきアカデミック・スキルに対する自己評価が低い。

　こうした現実に対する対応策は短期的なものと中期的なものが想定される。

短期的には初年次教育などの教育プログラムの再検証を通じて，基礎的なスキル習得の徹底，およびグループ活動の反復などによる人間関係構築の支援の徹底といった教育内容の改善が必要となる。その上で，中期的にはその大学の新入生の傾向に現状の教育プログラムが適合しているのかの検証である。特に低順応型の学生の動向を把握し，適切な対応策を検討し実施していくことが，学生調査の結果の有効活用に結びつくのではないだろうか。

7．拡散するIR概念と新たな動向

　これまで整理し，提示してきたように，IRの機能そのものは多様ではあるが，一定の枠を想定し，その中でそれぞれの関係者が重視すべき点からアプローチする中でＩＲ機能を活かしていくことが必要ではないかと考えられる。

　一方で，ごく最近には，IRに対して新たなアプローチが国内で提示されてきている。その一つが一橋大学の松塚ゆかり氏を中心とした，ナレッジマネジメントという側面からIRを定義する動向であり，もう一つは，筑波大学の加藤毅氏を中心とした，近年の職員主導の大学経営改善の新たな動向を，「ユビキタスIR」という名称の下でIRの一環として位置づける動向である。

　また2010年には平成22年度大学教育・学生支援推進事業として3大学のインスティテューショナル・リサーチ実践が採択されている。本節ではこれら新たな動向について整理してみたい。

1） 拡散するIR概念

　ナレッジマネジメントとしてのIRについては，Serban, A.（2002）において，第5の位相として取り上げている。これはIRの概念整理で紹介したVolkwein（1999）が四つの位相によってIRを整理しているのに対して，追加する位相として，ナレッジマネジャーとしてのIR担当者という側面を提示したものである。Serbanによれば，当該高等教育機関の「内部と外部双方の目的と観衆に

奉仕するナレッジマネジメントの枠組，すなわち知の創造，捕捉および共有の基礎となっている過程の触媒となるのがIRである」（Serban, 2002：105）と紹介されており，情報を収集し分析し提供する過程とナレッジマネジメントとの親和性とが強調されている。IRにとってのナレッジマネジメントが重要であるとともに，大学としてのナレッジマネジメントにとってのIRの役割の大きさが指摘されている。

それに対して，松塚は「IRからKMへ」という観点から，学生調査研究を基盤とした従来のIRから知識基盤社会におけるKM（ナレッジマネジメント）への転換が必要であるとの立場を表明している（松塚2010）。

もう一つの動向としてのユビキタスIR概念の提唱では，大学経営改善の新たな取組やアドミニストレーター養成という側面が強調されており，データを収集して分析するといった本来IRの定義で共有されてきた部分以上に，企画・政策立案機能をめぐる優れた実践や職員の企画能力という専門的力量形成を重視したものとなっている（加藤毅・鵜川健也 2010）。その点では，少なくともこれまで一般的に用いられてきた意味でIRという語彙を使用しているわけではないようである。

この「ユビキタスIR」概念の提唱は，近年の大学職員養成におけるアドミニストレーター志向と並行した専門化志向との関係で捉え直すことで，新たな課題と連動するように思われる。

近年，国公私立大学の一部に経営企画室（部）と呼ばれる部局が設置されてきている。その多くが経営担当理事ないし理事会管轄の組織としておかれており，総務系の業務を担う場合と経営方針の企画立案機能が想定されている場合とが見られる。

前者の事例の場合，この部局をIRと呼ぶことには躊躇せざるを得ない。一方で後者の事例を想定した場合，この経営企画室の機能をIRの最終段階である政策立案に特化したものとして見ることができれば，その活動はIRの一部として捉えることが可能である。しかし，IRを「情報を収集・分析して，提供・活用すること」と定義した場合は，経営企画室の多くはIR部局として位置づ

けるのではなく，理事会機能ないし経営機能の拡張として捉えた方が，より自然であろう。

本来経営企画の機能は経営組織としての大学において，あるいは法人化された国立大学や私立学校法改正後の理事会中心の私立大学においては，理事会と不可分のものとして想定できる。一般に経営企画の部局は理事と上級職員によって構成されるものであり，アドミニストレーターとしての職員が参加することは想定されても，データ収集・分析の専門職としてのIR担当職員が参加することは想定しがたいものだからである。

ここでIRの活動はSDとの関連でどのように位置づけられるかが一つの論点になるものと思われる。

2） 大学教育・学生支援推進事業にみるIR

平成22年度大学教育・学生支援推進事業に採択された大学のうち，IRに特化した内容を有する事例は，芝浦工業大学，金沢工業大学，日本福祉大学の3大学のものである。

芝浦工大と金沢工業大学の事例はいずれもIRを教学情報に特化させることが想定されており，特にそのデータを個別学生のポートフォリオ（電子化）に結実することが目指されている点で共通する部分がある。また金沢工業大学の事例では，職員のIR実施のための力量形成を重視することが強調されている点が特徴的である。

一方，日本福祉大学の事例は生活支援，学習支援，発達障害等要個別支援の3種のプログラムをIRに基づいて進めていくことが想定されている。日本の場合，IRの導入では特に学習支援に特化しがちである中で，生活支援（学生支援全般）に焦点を当てている点が注目される事例である。また総合企画室の下で，全学教育開発機構，学生支援機構，IR推進室がそれぞれの活動を行い，また年度末に実施成果を報告するといったシステム化が図られている。

日本福祉大学の場合，IRへの注目は2009年度にその萌芽がみられる。2009

年度事業計画の「情報化事業」の項目内には，「予定していた開発がほぼ完了した nfu.jp システムのデータベース活用について本格的に検討を進め，IR (Institutional Research) 推進組織と連携して，データウェアハウス（時系列に整理された大量の統合業務データ，及びその各項目間の関連性を分析する管理システム）構築に向けた要件分析を行う。」といった記述がみられ，データ収集機能を重視した改善活動が目指されていることが示されている（日本福祉大学 2008）。

さらに 2010 年度の事業計画の中でも IR が一つの柱として位置づけられており，積極的な内部質保証のために IR に基づく運営が目指されている。具体的には，

(1) 全学園的な IR 執行体制を新たに構築することにより，本学園 IR における内部質保証機能を確立し，経営・教学ともに，エビデンスに基づいた事業推進を可能とする。
(2) 新学部設置等の中長期計画や各年度の事業計画等を踏まえ，入口（学生募集）・教育・出口（進路・就職）の重点課題について，IR 分析課題を戦略的に体系化し，分析・評価を行う。
(3) データウェアハウスを構築し，認証評価受審後の日常的データ蓄積・分析ルーチンを全学的に確立させる。
(4) 大学認証評価，自己点検・評価，IR 分析結果レポート（年2回）に取り組む。

が事業計画として設定されている（日本福祉大学 2009）。

日本福祉大学の場合，従来進められてきた IR 実践は経営改善機能および認証評価対応の側面を重視したものとなってきたようであり，今後改めて学生支援に着目した IR の実践がどのように進められていくかが注目される。

8．おわりに ──インスティテューショナル・リサーチ導入の条件

以上，日本における先導的なインスティテューショナル・リサーチの事例や

現在の議論を概観してきた。本書全体の内容からみて，これからインスティテューショナル・リサーチの機能を組織内に導入しようとする場合に，以下の点を留意することで，より機能的なインスティテューショナル・リサーチが実現できるものと思われる。

1） 導入の目的について

認証評価対応に特化するのであれ，経営機能改善ないし教育機能改善に資することが目指される場合であっても，それらは別に相反する内容ではなく，当該機関がIRによって何を実現することが必要であるのかをまず検討した上で，包括的な目的を設定することも，特定の目標を設定して実施することも，いずれでも良いものである。例えば教育機能の改善の中でも学習面に焦点化する場合もあれば，学修成果の改善を通じて満足度を上げ，中退率などを低下させることが主たる目的である場合もある。大学全体の場合であれば3つの領域すべて対応する必要があると想定される。一方，学部ないし学科単位で取り組む場合には教育機能改善が主たる目的となるであろう。

いずれの場合であっても，留意すべきは，そこで目指される目的を当該機関で共有し，組織での協力体制を構築していくことにある。

2） 担当組織について

新たな組織を十分な人材を確保して設置することは現状においては難しい。しかしインスティテューショナル・リサーチの活動は実際にはすでに多くの大学で意識せず実施してきているものである。情報収集はなされてきているが，それが統合的に進められ，収集された情報が各種の機能改善に役立てられていないという状態が問題なのであり，組織で捉えるのではなく，機能として捉え，担当部局を新たに創設することができない場合も，それぞれの組織のミッションに照らして，必要な機能を分散的にであっても実施し，そのデータを統合す

る仕組を構築していくことが必要であろう。

3） 担当者について

アメリカの事例並びに中央教育審議会での議論において想定されている担当者は，修士課程に相当する専門性を備えた人材が想定されている。特定の人材の力量を高めていくのか，全体の研修を通じて，職員全体の力量を形成していくのかについては，各大学の具体的職員像によるが，専門性の高さから見て，その専門職化は不可避であると思われる。

その際，近年の動向から考えて，力量としては，少なくとも，(1) データ処理の力量とIT関連の技能，(2) 統計学と社会調査に関する知見と技能，(3) 高等教育全般に関する包括的・組織的視点と知見，および (4) 政策企画機能を有する組織を想定する場合には，大学経営に関する広い経験と視野および深い理解，といった相当に高度なものが求められる。これらをすべて併せ持つ人材は恐らくいても極少数であると考えられるので，まさに既存の人材を研修を通じてどう育てるのかが問われていくことになるであろう。さらに，すでに採用されている職員に対する研修機能の充実のみならず，新規職員採用にあたって上記のような力量を有する人材を採用することが必要となってくると思われる。

4） 今後追加されうる論点

現段階はインスティテューショナル・リサーチの導入初期であり，大学において特に重要となる学生の学習の評価とその充実のための施策の検討が強く意識されてきた。今後，経営機能改善という側面からは，各施策およびIR実践自体の費用対効果が問題になってくる可能性がある。またアメリカのIRでしばしば問題になっている教職員のサラリー問題も現時点では日本では十分議論されてきていない。今後の実践の中でこれらの課題がどのように対応されてい

くのかは，日本におけるインスティテューショナル・リサーチ実践がより普及していく過程における焦点の一つになると考えられる。

また教育機能改善に関しても，キャリア教育や卒後の進路，およびその満足度などと在学中の学修や満足度との関連について，より実証的な研究が蓄積されていくことを通じて，インスティテューショナル・リサーチの実践が教育の質保証に資することが期待される。

以上，導入にあたっての留意すべき点を概観してきた。大学改革が進展する中で，自己点検・評価の実質化としてのインスティテューショナル・リサーチの充実，そして経営機能改善や教育機能改善を通じて学生の満足度を高めていくことは，教育機関としての大学においては不可避の課題になっている。次世代の学生が大学に幻滅をせず，充実した学生生活を通じて社会化され専門性を高めていくためにも，インスティテューショナル・リサーチを各高等教育の実状に応じた形で進めていくことが肝要であろう。

【注】
1) 立命館大学の教育開発推進機構 教育開発支援センターではこうした経営機能改善を志向した活動だけでなく，IRプロジェクトとして，教育機能改善に特化した「学びのIR」と呼ばれる企画を進めている。詳細については，本書資料3掲載のリンク先を参照。
2) 以下，各事業の概要や個別大学の事例の詳細については資料3のリンク集掲載の各大学のサイトをご確認いただきたい。
3) 本節の内容は，ベネッセ教育教育研究所『between』掲載拙稿に大幅な修正を加えたものである。沖清豪（2009）を参照。

おわりに

　本書で取り上げたインスティテューショナル・リサーチ（IR）をめぐる議論をあえて整理すると，IRの概念は現在も拡大しつつある一方，その根本の部分では依然として，誰かがきちんとデータを収集し，それに基づいて何らかの分析を行い，その結果に基づいて必要と関心，そして組織と教職員個々の能力に応じて企画を立案するといった当たり前の作業にすぎないようである。
　現在もいくつもの大学において優れた実践が蓄積されており，あるいは全国調査の機会が組織化され，提供されている。優れた事例にはいずれも何らかの「先見の明」が示されており，明確な立脚点，問題を克服していくための意欲と能力が必要とされている。優れた事例として紹介してきた大学，あるいは世界各国における各種の事例を踏まえつつ，それをいかに自らの組織に置き換え，その理念・使命に応じて必要な問題を抽出し，データ収集の仕組みを構築していくかがIRの活性化への第一歩になるのではないだろうか。
　また，IRという業務を日常の実践に組み込む場合，あるいは明確にIR部局を学内に設置する場合のいずれであっても，業務を担当する教職員はその専門性をデータ収集・分析に求める場合もあれば，調査法・データ処理に関する技能習得が必要となる場合もある。近年の職員業務の高度化，職務の専門化が進行している中で，学士課程だけでなく修士課程レベルの知識・技能もまた必要とされつつある。
　教育機能改善であれ，経営機能改善であれ，あるいは最低限認証評価のための準備でよいという立場であれ，現在の大学改革の方向性を見る限り，何らかの形態・規模でIRを制度化することは避けられない状況にあるように思われる。大学にとって厳しい状況は依然として続くものと思われるが，IRを通じて大学教育全般についての理解が深まり，学生や教職員の日常に種々の好影響が生じていくことを期待したい。

謝　　辞

　本書は早稲田大学教育総合研究所平成 19・20 年度一般研究部会「大学の教育機能の改善に資する Institutional Research に関する基礎的研究」(研究代表　沖　清豪) の研究成果を中心に，いくつかの研究資金を得て行われた研究成果の一部をとりまとめたものである。また刊行にあたり，2010 年度教育総合研究所の叢書出版支援を得た。

　いくつかの章についてはその内容の一部について科学研究費などの研究成果を活用しており，適宜初出を含めて章末にその旨記している。

　本書をまとめるまでには多数の方々のご協力を得た。特に，第 9 章で行った分析にあたり，その分析結果の公表についてベネッセ教育研究所の許諾を得た。ご協力に深く感謝を申し上げます。また第 4 章は私学高等教育研究所の叢書に掲載された文章を一部修正して掲載させていただいた。

　本書の基盤となった研究部会へのご配慮ならびに本書刊行への支援に対して，研究所の関係各位に深く御礼申し上げます。

資料1

IRについて「何を」「誰が」「どこで」語っているのか
―New Directions for Institutional Research の分析―

1．はじめに

　1965年に設立されたアメリカのIR組織・学会である Association for Institutional Research（AIR）は，アメリカ国内だけでなく世界中のIR関係者の多くが会員となっており，今も昔もIRに関連する最先端かつ実践的な議論の場の中心となっていることは間違いない。
　AIR が刊行している出版物にはいくつかの種類があるが[1]，その1つに *New Directions for Institutional Research*（NDIR）がある。NDIR は1974年に創刊され，それ以降年に4回発行されている。それらに加え，2007年からは不定期で評価（Assessment）に関する特別号が発行されるようになった。NDIR は一般に論文の投稿を受け付ける学術雑誌とは異なり，テーマベースで刊行されており，IRやIRの近接領域であるプランニング，高等教育の管理運営に関連するトピックを中心に様々なテーマが採り上げられている。毎号，そのテーマに沿った章に相当する5～10本の記事が掲載され，当該テーマについての1冊の本となる体裁をとっている。それぞれの記事の執筆者については，

NDIR の編集主幹と AIR の出版委員会の協議の上にテーマとその号を担当する編者が決定され，その号を担当する編者が当該テーマに相応しい著者を決定するという構造になっている。このため，各章の内容についてはその号を担当する編者と NDIR の編集主幹の二重の審査を通じて，その水準が担保されており，IR についての時宜を得た情報や論点を知る上で貴重な資源となっている。

ここでは，この IR という名称が冠され，既に 35 年以上の歴史を持つ学術誌 NDIR を採り上げて，これを計量書誌学的な観点から分析することによって，曖昧になりがちな「IR とは何か」という問いに対する答えについて，IR について「誰が」「何を」「どこで」語ってきたのかというところからアプローチすることとしたい。

2．分析枠組み

分析の対象となるのは 1974 年から 2009 年までに刊行された NDIR の 1～144 号に含まれる 1,262 本の記事である。ここには不定期に刊行される特別号（Special Issue）の記事も含まれている。

前述の通り NDIR はテーマベースであるため，一般的な論文の集計結果とは異なり，テーマによる偏向やその影響が予想される。特に，各号の編者の役割は大きく，この点をどのように数値として反映し，計上していくかについては判断が必要となってくる。

例えば，各号には編者による Editor's notes が含まれる場合が多いが，これを数値に参入するかどうかは判断が分かれる。編者はこの Editor's notes のみを執筆している場合もあれば，Editor's notes に加えて本編も執筆している場合もある。その Editor's notes の中にも各章の紹介だけが記述されている短い文章もあれば，当該テーマについての編者の見解が記されている比較的長い文章も確認される。このとき一律に Editor's notes を含めて集計すれば編者の役割を過大評価する危険がある一方で，Editor's notes を除外してしまうと編者

を過小評価してしまう危険がある。このために1本1本を精査し，集計に含めるかどうかを判断するということも方法としては考えられるが，この場合分析者の主観が混在する危険性がある。

このようなことから本章では，編者の役割を過大評価してしまう危険性は認識しつつも，最もシンプルな形で集計することとする。すなわち，Editor's notesも集計に含めていったん数値を示した後に，編者の役割を加味することとする。なお，その他の集計に関わる事項については章末を参照されたい。[2]

3．「何が」語られているのか

論文に関するデータの集計による分析結果を検討する前に，IRという名前が掲げられているNDIR誌上で，より具体的に「何が」語られてきたのかについて確認しておこう。

1999年に刊行されたNDIRの104号（副題：*What is Institutional Research all about?*）では創刊から25周年という節目ということで，編者であるJ. Fredericks VolkweinはそれまでのNDIRの歩みを振り返るとともに，これまで刊行された104号をAIRの年次大会のカテゴリをもとに大きく7つのトラックに分類している。7つのトラックの内部では50のトピックが示されており，そこに104号までの各号と編者が分類されている。50のうち7つのトピックにそのトラックを象徴する標題が付されており，そのトラックとトピックを示すと以下のようになる。

トラック1：エンロールメント・マネジメント
　　入学生の予測／リテンション・離脱率・在籍維持・学生の追跡／大学院生のリテンションと学位取得までの期間／学資援助
トラック2：機関の効果・評価・アカウンタビリティ・改善
　　説明責任・成果の測定・質保証／学術プログラムの再検討と管理運営サービスの評価／大学案内・ランキング・格付け／卒業生研究・資金

調達・市場調査 / アウトカム評価 / 学生の特徴と文化 / 非伝統的学習 / 大学院教育と研究 / 質のマネジメント（TQM・CQI）

トラック3：学術プログラムと教員

学術マネジメント / 教員の仕事量と生産性 / 教員評価とFD / 授業と教員

トラック4：資源管理

価格決定と費用分析 / 人材管理 / 教員資源管理 / 変化・低落・再編の管理 / 寄附と資金調達 / 収入の予測 / 施設・用地分析

トラック5：政策・プランニング・ガバナンス

プランニングと戦略計画 / 環境分析と予測 / 政策分析 / リーダーシップ・評議会・理事会 / 文化・風土・多様性・チームワーク / キャンパス―政府間の関係と規制 / 運動競技 / 法的事項

トラック6：IRの理論・実践・倫理

新設・小規模IR室の開発 / IRにおける倫理 / キャリア開発

トラック7：技術・ツール・スキル

コンピュータ技術と情報開発・評価 / 学生の情報と追跡システム / 経営情報システムと意思決定支援システム / データ・マネジメントとデータ交換 / 機関間ピア比較 / 統計と調査法 / 質的調査法 / ファクトブックの開発

各号は各トラックに均等に割り振られている訳ではなく一部重複を認めながら分類されており，トラック1には8つの号が，トラック2には20，トラック3には10，トラック4には21，トラック5には24，トラック6には7，トラック7には28，というように各号が分類されている。最も多くの号が分類されているのはトラック7の「技術・ツール・スキル」に関連するトピックを扱うもので，その一方で最も少ないのがトラック6の「IRの理論・実践・倫理」に関するトピックを扱っているものである。この分類は1999年までが対象となっているが，それ以降に刊行された45号分についても概ねこの分類が適用

できるものと考えられるとともに，各トラックに分類される数の傾向についても大きな変動はない。

このように見ると，トラック6の「IRの理論・実践・倫理」というIRそのものを論じているものは7つの号だけと少なく感じられるが，これはIRを総括的に取り扱っているものが7つの号として捉えられるべきであり，IRが様々な機能を包括する複合的かつ広範な概念であり，実際の活動の局面に対応するIRはより細かなトピックで機能しており，そのトピックのもとでそれに関わる技術や議論が発展しているものと考えられる。すなわち，IRを逆説的に捉えようとするならば，本来はIRとは区別される活動や事象がIRの活動範囲として，あるいはIRの近接領域としての議論に含まれるということは，IRはそれらの活動を支え，またそれらの活動に貢献する活動と考えることも可能だろう。

Terenzini (1993) が冒頭に，1978年のAIRフォーラムが開催されたホテルでの出来事として，AIRの元会長2名を含むフォーラムの参加者で混み合うエレベーターの中で，参加者でないホテルの宿泊客が参加者の名札を見て「IRってなんなんだい？」と尋ねたが誰もまともに答えられなかったという逸話を紹介しているように，「IRとは何か」については非常に捉え難く，実際にIRに関わっている当事者でも説明のし難いものと考えられる。またIRの定義をめぐる議論には長い歴史があり，定義されるにしてもその多岐に渡る活動を包摂しようとするために抽象的にならざるを得ない部分があるというのが実情であろう。このようにIRがなぜ広範なものとなり，近接領域のトピックも含みながら発展していったかについては，さらなる歴史的検討が期待される。

4.「誰が」語っているのか

次に，NDIRの記事の集計結果からIRを「誰が」論じてきたのかについて見ていこう。1974年から2009年までに刊行されたNDIRの1～144号までの著者別の掲載本数を集計した結果，1,094名の著者名（団体を一部含む）が確認された。図資-1はそのうち掲載数3.5以上の上位61名の著者別掲載数を示し

166 資料1 IRについて「何を」「誰が」「どこで」語っているのか

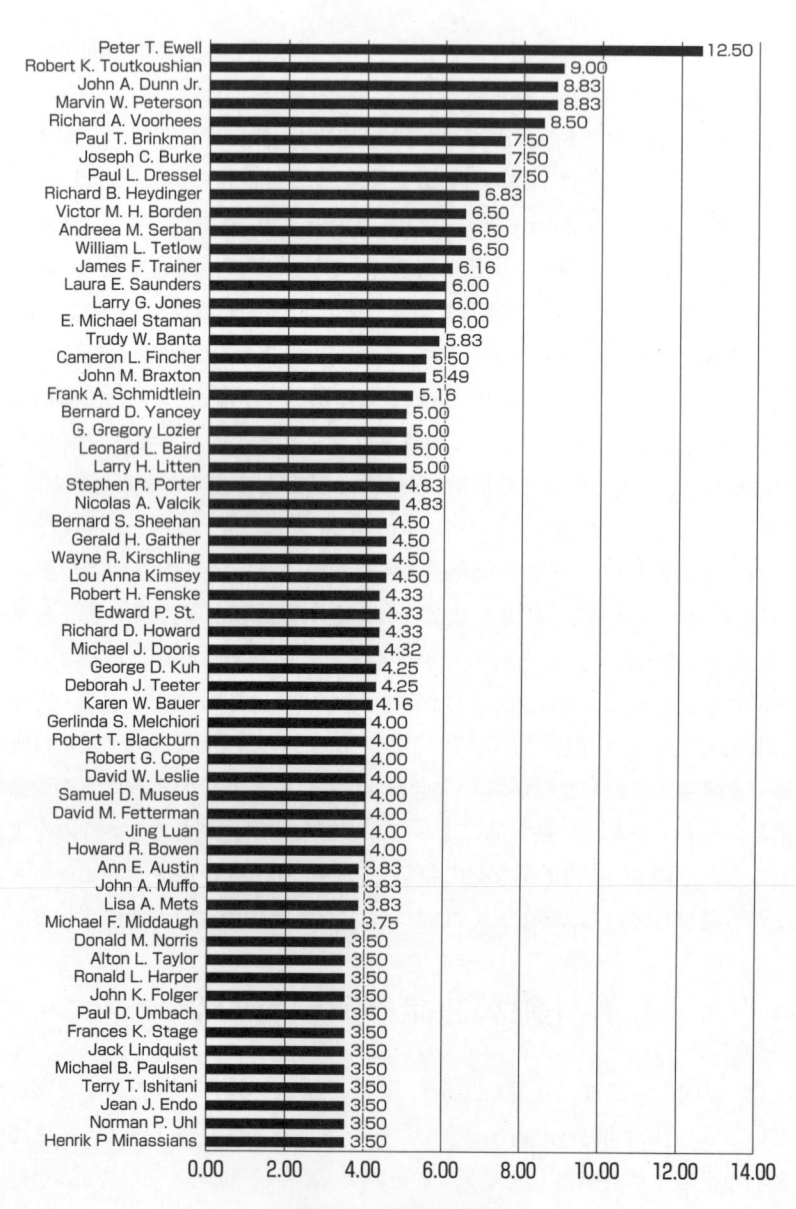

著者	掲載数
Peter T. Ewell	12.50
Robert K. Toutkoushian	9.00
John A. Dunn Jr.	8.83
Marvin W. Peterson	8.83
Richard A. Voorhees	8.50
Paul T. Brinkman	7.50
Joseph C. Burke	7.50
Paul L. Dressel	7.50
Richard B. Heydinger	6.83
Victor M. H. Borden	6.50
Andreea M. Serban	6.50
William L. Tetlow	6.50
James F. Trainer	6.16
Laura E. Saunders	6.00
Larry G. Jones	6.00
E. Michael Staman	6.00
Trudy W. Banta	5.83
Cameron L. Fincher	5.50
John M. Braxton	5.49
Frank A. Schmidtlein	5.16
Bernard D. Yancey	5.00
G. Gregory Lozier	5.00
Leonard L. Baird	5.00
Larry H. Litten	5.00
Stephen R. Porter	4.83
Nicolas A. Valcik	4.83
Bernard S. Sheehan	4.50
Gerald H. Gaither	4.50
Wayne R. Kirschling	4.50
Lou Anna Kimsey	4.50
Robert H. Fenske	4.33
Edward P. St.	4.33
Richard D. Howard	4.33
Michael J. Dooris	4.32
George D. Kuh	4.25
Deborah J. Teeter	4.25
Karen W. Bauer	4.16
Gerlinda S. Melchiori	4.00
Robert T. Blackburn	4.00
Robert G. Cope	4.00
David W. Leslie	4.00
Samuel D. Museus	4.00
David M. Fetterman	4.00
Jing Luan	4.00
Howard R. Bowen	4.00
Ann E. Austin	3.83
John A. Muffo	3.83
Lisa A. Mets	3.83
Michael F. Middaugh	3.75
Donald M. Norris	3.50
Alton L. Taylor	3.50
Ronald L. Harper	3.50
John K. Folger	3.50
Paul D. Umbach	3.50
Frances K. Stage	3.50
Jack Lindquist	3.50
Michael B. Paulsen	3.50
Terry T. Ishitani	3.50
Jean J. Endo	3.50
Norman P. Uhl	3.50
Henrik P Minassians	3.50

図資-1 著者別掲載数

たものである。最も掲載数が多いのは、Peter T. Ewell で掲載数は 12.5 本となっている。彼は NDIR の 47 号（*Assessing Educational Outcmes*）、64 号（*Enhancing Information Use in Decision Making*）、87 号（*Student Tracking : New Techniques, New Demands*）の編者を務めているため、先の Editor's note を含めるかということの影響も含まれているものと考えられるが、彼の所属が National Center for Higher Education Management Systems（NCHEMS）ということもあり、その立場から IR に関する議論を先導していると見ることができる。

次に掲載本数が多いのは Robert K. Toutkoushian の 9 本となっている。彼は AIR の前会長であり、NDIR の編集主幹も務めていただけでなく、115 号（*Conducting Salary-Equity Studies : Alternative Approaches to Research*）、117 号（*Unresolved Issues in Conducting Salary-Equity Studies*）、132 号（*Applying Economics to Institutional Research*）、139 号（*Conducting Institutional Research in Non-Campus-Based Settings*）の編者も務めている。Toutkoushian 以外にも掲載本数で上位の層には AIR の歴代の会長が多く含まれており、Marvin W. Peterson や Richard A. Voorhees, Victor M. H. Borden, William L. Tetlow, James F. Trainer, Laura E. Saunders らがそれに該当する[3]。

これらの人々が IR についてより具体的に「何を」語ってきたかについては、NDIR の各号・各章および本書巻末の文献解題を参照されたいが、この図からは極めて多様な人物が IR に関する議論に関わってきたことが推察される。

5．「どこで」語られてきたのか

最後に IR が「どこで」語られてきたのかについて、NDIR の記事の集計結果から確認しておきたい。しばしば想定されるのは IR というものがアメリカの高等教育機関の全てに普遍的に設置されているのではなく、例えば設置形態や大学の規模、あるいはアクレディテーションを含む地域性などによって何らかの偏りがあるのではないかということである。この点について、NDIR の著者の所属を集計した結果から見ていくこととしたい。

144号までの著者の所属機関を集計した結果，438の組織名が確認された。図資-2はそのうち掲載本数が4本を超えるものを示したものである。最も掲載本数が多いのは52.3本のミシガン大学で，次いでペンシルバニア州立大学の38.5本，インディアナ大学の35.7本，カリフォルニア大学の34.3本という順になっている。ミシガン大学では前述のMarvin W. Petersonに加え，Robert T. Blackburn, Joan S. Starkなどが確認され，附属の高等教育研究センターを中心として積極的に議論に関わっていることが確認される。ペンシルバニア州立大学はIRについてのCertificateプログラムを設置していることでよく知られているが，Patrick T. Terenzini, Alberto F. Cabrera, Michael J. Dooris, J. Fredericks Volkweinらによる論稿が多く確認できる。また，インディアナ大学ではRobert K. Toutkoushian, Victor M. H. Borden, Jillian Kinzieらの議論が確認できる。但し，著者については機関間移動があるため，必ずしも当該人物が一機関に所属しているわけではない点には注意が必要である。また，15本の掲載本数となっているネルソン・ロックフェラー政府研究所は本数が比較的多かったためニューヨーク州立大学と区別して集計しているが，合算して考えると34.5本となる。

大学以外ということで見てみると，NCHEMSやETS (Education Testing Service) のほか，西部諸州高等教育協議会 (WICHE) やカリフォルニア中等後教育委員会，インディアナ高等教育委員会といった組織が確認される。

この著者の所属機関別の掲載本数について，所属機関の設置形態の観点からその割合ををもとに示したものが図資-3である。公立と私立については主に大学の設置形態を示しており，非営利組織・団体のカテゴリには前述のNCHEMSやETSが含まれ，協会組織・団体のカテゴリにはWICHEやAACU (Association of American Colleges and Universities) などが含まれる。最も割合が大きいのは公立の大学であり全体の5割強を占めている。一方で私立の大学は2割弱であり，コミュニティカレッジも若干ではあるが確認できる。

この集計は1974年から2009年までの時系列的に縦断したデータのため，あくまで参考値であるが，この設置形態の割合をNCES (2010) による2008-09

5.「どこで」語られてきたのか

機関	本数
University of Michigan	52.3
Pennsylvania State University	38.5
Indiana University	35.7
University of California	34.3
National Center for Higher Education Management Systems	33.8
Michigan State University	26.8
University of Minnesota	21.6
University of Georgia	20.2
State University of New York	19.5
University of Texas	17.3
University of Wisconsin	17.2
University of Massachusetts	15.2
Nelson A. Rockefeller Institute of Government	15.0
University of Colorado	15.0
University of Illinois	15.0
University of Pennsylvania	14.6
Tufts University	14.5
Virginia Polytechnic Institute and State University	14.2
California State University	13.8
Stanford University	13.7
University of Virginia	12.8
University of Kansas	11.5
Arizona State University	11.5
University of Arizona	11.2
University of Washington	11.0
University of Delaware	10.7
Indiana University - Purdue University Indianapolis	9.8
University of North Carolina	9.7
Vanderbilt University	9.2
Educational Testing Service	8.5
University of Maryland	8.3
University of Southern California	8.3
University of Tennessee	8.0
Cornell University	7.8
Montana State University	7.3
Florida State University	7.3
North Carolina State University	6.8
Claremont Graduate University	6.7
University of Iowa	6.5
Loyola University Chicago	6.3
Furman University	6.0
Virginia Commonwealth University	6.0
Wesleyan University	6.0
New York University	5.8
University of Kentucky	5.5
Emory University	5.5
University of Utah	5.5
Ohio State University	5.5
Prairie View A&M University campus of the Texas A&M…	5.5
University of Calgary	5.5
University of Memphis	5.3
Oregon State University	5.0
University of Nebraska at Lincoln	4.8
Louisiana State University	4.5
Western Interstate Commission for Higher Education	4.5
California Postsecondary Education Commission	4.4
Indiana Commission for Higher Education	4.3
University of Alabama	4.3

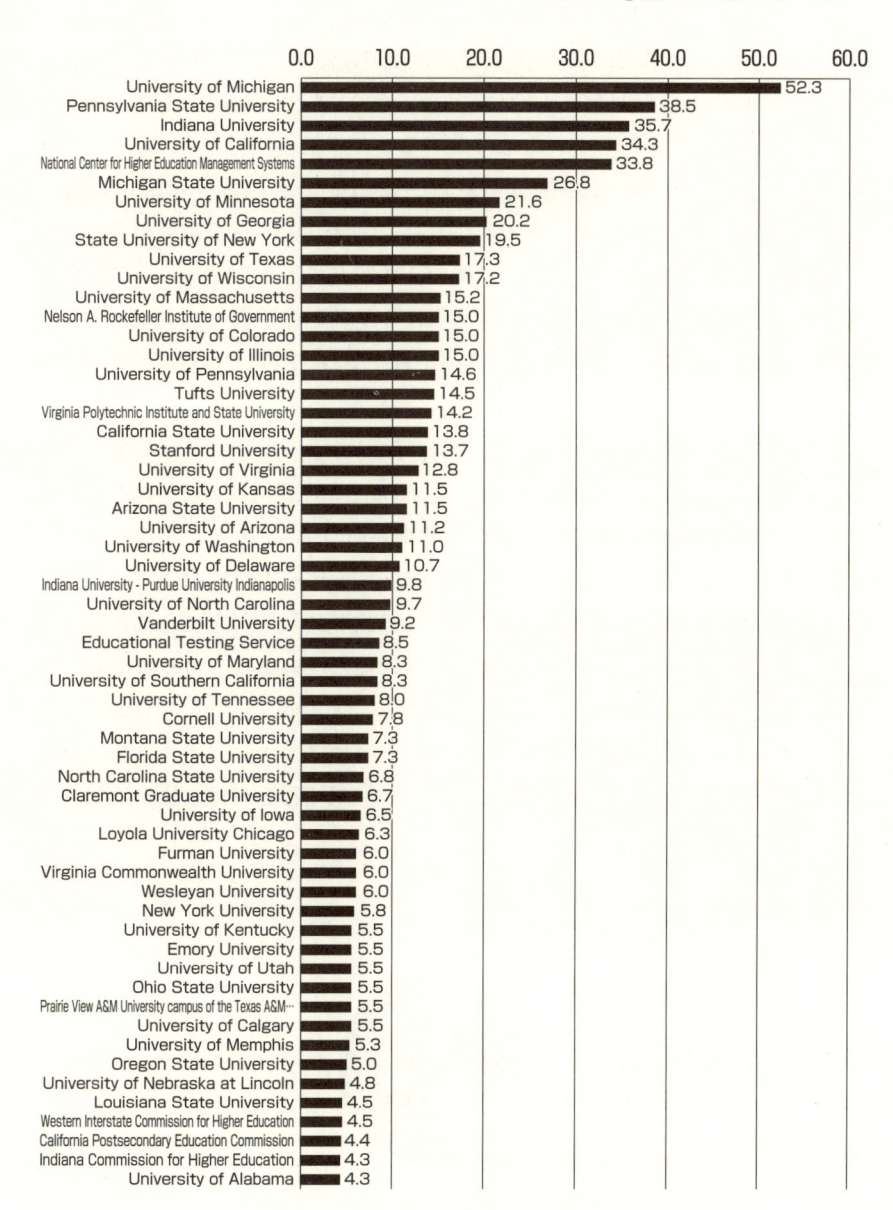

図資-2 著者の所属機関別掲載本数

年のアメリカの大学数および学生数と比較してみると，2008-09 年のアメリカの高等教育機関の総機関数は 4,409 であり，そのうち公立機関は 1,676（38.0%）で，私立機関は 2,733（61.9%）となっている。4 年制の機関だけに絞ると，総機関数は 2,719，公立の 4 年制機関は 652（24.0%），私立の 4 年制の機関は 2,067（76.0%）となる。その一方で学生数は，アメリカの高等教育の総学生数は 19,102,814 名で，そのうち公立機関が 13,972,153 名（73.1%），私立機関が 5,130,661 名（26.9%）となっている。同様に 4 年制の機関だけに絞ると，総学生数は 12,131,436 名，公立の 4 年制機関では 7,331,809 名（60.4%）となる，私立の 4 年制機関では 4,799,627 名（39.6%）となる。

　ここで NDIR における著者の所属機関の設置形態の割合について公立機関と私立機関だけを取り出せば公立機関は 74.3%，私立機関は 25.7% となり，ほぼアメリカ高等教育における学生数の設置形態別の割合に対応していることが確認される。IR に関する議論の設置形態に関するデータが機関数ではなく学生数に対応するということは，IR に関する議論が公立機関を中心にして行われていることを示唆する。但し，IR は公立機関だけによって担われているかといえば決してそうではなく，私立機関についても無視できない割合が確認されるのであり，先の機関別の掲載本数においてもペンシルバニア大学やタフツ大学，スタンフォード大学等が確認されるように，IR をめぐる議論は様々な立場から論じられているといえる。

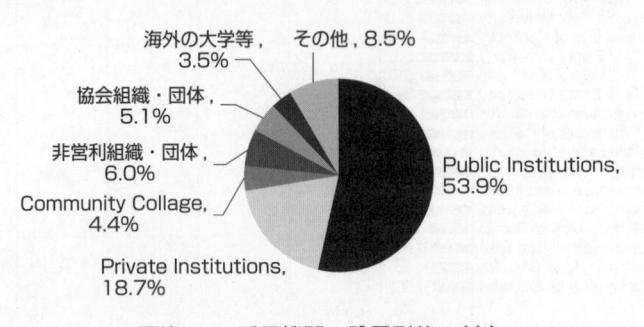

図資 -3　所属機関の設置形態の割合

6．おわりに

　ここまでNDIRの歩みからIRについて「何を」「誰が」「どこで」語ってきたのかをみてきた。まずIRについて「何を」語ってきたかについては，Volkweinの大まかな7つの分類を示してその傾向を確認した。そこではIRそのものが論じられているというよりはむしろIRが機能する各局面とそのトピックのもとに議論や技術が論じられる傾向にあることを確認した。次に，IRについて「誰が」語ってきたのかについては，NDIRの創刊号から144号までの著者に関するデータを用いて，その集計結果を示した。その結果，一部積極的に議論に関わっている人物が確認されるものの，非常に多くの人物がIRの議論に関わっていることを示した。最後に，IRについて「どこで」語ってきたかについては，「誰が」と同様にNDIRの創刊号から144号までの著者の所属機関に関するデータを用いて，その集計結果を示した。その結果，IRの議論を先導してきた機関が確認されるとともに，やや公立の機関の割合が多いものの，私立の機関についてもIRへの議論に関わっていることが確認された。

　以上のことから，IRとは「何か」ということを考えれば，なされるべきはそれを一律に定義することよりもむしろこのIRについての広い枠組みをいかにして活用していくべきかという姿勢ということかもしれない。特に日本国内のIRをめぐる議論はIRとは何かという隘路に陥りがちである。重要なことはIRとは何かなのではなく，IRという枠組みが何に活かせるのか，曖昧さを伴ったIRの概念を用いていかに大学を改善させていくかということであろう。その点ではIRはある意味で恣意的に解釈され定義づけられることも受容されうるし，それを許容する土壌を持つものと考えられる。

【注】
　1）NDIRがテーマベースなのに対して，より学術誌的なものとして*Research in Higher Education*がある。こちらは1973年の創刊以降，ピア・レビューのもと

現在は年8回刊行されている。但し，内容は必ずしもIRに限られているわけではなく，中等後教育に関わる事象を広くテーマとして扱っており，このため今回はよりIRに焦点化されているNDIRを対象としている。
2）集計に際しての処理事項は以下の通りである。
　a）名寄せについて
　　集計に際して「表記のゆれ」に対処するため「名寄せ」の作業を行っている。例えば，著者に関して集計する場合，著者自身が自分のミドルネームを書いたり書かなかったり，単純な誤記ということも考えられる。組織名も同様に，例えばUCLAやMIT，NCHEMS，ETSといった略称や機関の正式名称が混在する。さらに，時系列的に縦断するデータとなるため，機関の名称の変更や機関の統廃合といった問題も生じる。このため，それぞれの著者名，組織名を確認し，組織名および大学の設置形態についてはACE（2008）およびIAU（2010）などのデータベースに加え，各機関のホームページも参照したうえで，単一の表記・情報に整理する作業を行っている。
　b）集計に関して
　　共著に関しては基本的には分数カウントを使用する。すなわち，共著で論文が書かれている場合，両者に1編ずつ重複計上するのではなく，両者に1/2編ずつ計上する。これらの集計の方法については，藤垣他（2006），根岸・山岸（2001）を参照している。但し，著者と組織の関係においては当該人物の機関間の移動といった問題や「著者」について集計する場合の歴史的効果，すなわちIRの黎明期からIRについて論じている著者は当然必然的に数値が高くなる可能性があるという問題は排除されない。またNDIRの中には編者がその号のすべての章を執筆しているものがわずかながら存在するが，これらについては過大評価につながる危険性はありつつも各章を執筆したものとして集計することとする。
　c）解釈の問題
　　例えばカリフォルニア大学については，バークレー校やロサンゼルス校を区別して集計するかまとめて集計するかの判断が必要になる。この場合，キャンパス名が書かれていればキャンパスによって区別することも可能であるが，場合によってはそうでない場合も確認される。また，州立大学システムをどのように評価するかの判断も必要になってくる。このような様々な条件をどのように判断するかについてはそれぞれにメリットとデメリットが存在するため，今回はそれらをコントロールすることはせず，大学名・組織名のみを対象としてシンプルに集計する。
3）会長職にあったものは掲載本数が多くなることが確認されるため，AIRの歴

代の会長を以下に示す。但し，会長職であるため掲載本数が多くなるのか，掲載本数が多く影響力が大きいため会長職に就いたのかの前後関係は不明のため，あくまで参考のためである。

代	期間	氏名
1	1965-66	John E. Stecklein
2	1966-67	James R. Montgomery
3	1967-68	L. E. Hull
4	1968-69	Joe L. Saupe
5	1969-70	Thomas R. Mason
6	1970-71	Sidney Suslow
7	1971-72	Richard R. Perry
8	1972-73	Joseph T. Sutton
9	1973-74	Donald Lelong
10	1974-75	Lois E. Torrence
11	1975-76	Bernard S. Sheehan
12	1976-77	James W. Firnberg
13	1977-78	Warren Gulko
14	1978-79	Robert A. Wallhaus
15	1979-80	F. Craig Johnson
16	1980-81	George Beatty
17	1981-82	William L. Tetlow
18	1982-83	William F. Lasher
19	1983-84	W. Sam Adams
20	1984-85	Marvin W. Peterson
21	1985-86	Marilyn McCoy
22	1986-87	Donald J. Reichard
23	1987-88	Laura E. Saunders
24	1988-89	Deborah J. Teeter
25	1989-90	Gerald W. McLaughlin
26	1990-91	Mantha V. Mehallis
27	1991-92	Ellen Earle Chaffee
28	1992-93	Edward L. Delaney
29	1993-94	John A. Muffo
30	1994-95	Richard D. Howard
31	1995-96	Trudy H. Bers
32	1996-97	Timothy R. Sanford
33	1997-98	Mary M. Sapp
34	1998-99	William R. Fendley
35	1999-2000	Marsha V. Krotseng
36	2000-01	MichaelF. Middaugh
37	2001-02	Dawn Geronimo Terkla
38	2002-03	Richard A. Voorhees
39	2003-04	Victor M.H. Borden
40	2004-05	Denise P. Sokol
41	2005-06	Sandra K. Johnson
42	2006-07	Fred Lillibridge
43	2007-08	Mary Ann Coughlin
44	2008-09	William E. Knight

資料2

インスティテューショナル・リサーチに関する主要文献の解題

　本書において言及してきたように，日本国内では，インスティテューショナル・リサーチ（IR）をめぐる研究動向とその実践はようやくその緒についたところである。IRという考え方が一部の改革を志向する大学関係者にとっては一般的なものになりつつも，質保証や認証評価といった高等教育改革一般で必須の語彙と比較すれば，十分に理解され認識されているとは言いがたい。
　一方，アメリカにおいてはAIR（Association for Institutional Research）を中心として実践・研究の蓄積が過去50年近くにわたり続けられてきている。大会や雑誌で公表された研究論文の中には，インスティテューショナル・リサーチをめぐる議論や理解を大きく転換するような主張や議論が含まれているものも見られる。しかしながら，こうした主張や議論が適宜日本国内に紹介されてきたかといえば，現時点では十分とは言い難い状況にある。特にインスティテューショナル・リサーチ概念の検討やその前提として国内外の研究者・実践者によって言及されてきた議論枠組については，改めて原典に当たって問い直しを行っていく必要性があるものと思われる。
　もちろん，アメリカなどと日本の高等教育システム全体の違いは無視できず，インスティテューショナル・リサーチやその組織について，アメリカの事

例をそのまま日本に導入できるわけではない。しかしその導入の原理的検討にあたってはアメリカの事例は依然として参照に値するものと思われる。

そうした認識にたって，本書の基盤となった共同研究では，今後のインスティテューショナル・リサーチ研究の蓄積に寄与することを目指して，インスティテューショナル・リサーチをめぐる重要な文献について解題を作成した。以下，17 文献について紹介する。

選定した資料は，英文については 1960 年代から 2000 年代初頭までの主にアメリカの状況・課題を検討・紹介する文献で，インスティテューショナル・リサーチが注目を集めた端緒となったもの，あるいはその定義をめぐって示唆に富むものをできる限り探索して取り上げた。一方，邦文ないし翻訳されたものについては，ある程度の分量をもってインスティテューショナル・リサーチに言及した最初の文献として喜多村（1973）を，および近年におけるアメリカの状況を簡潔に説明している翻訳文献として Swing（2005）を取り上げた。

なお，2000 年代後以降相当数が発表されている日本国内で発表された研究論文，およびごく最近いくつか公表されてきた日本国内の IR の現状に関する紹介文献や資料については，資料 3 および文献表をご確認いただきたい。

資料2 インスティテューショナル・リサーチに関する主要文献の解題 177

論者(発行年)	Brumbaugh, A. J. (1960)
論題名	The Need for Institutional Research (1章)
掲載書誌	Brumbaugh, A. J. *Research Designed to Improve Institutions of Higher Learning*, American Council on Education, pp.1-7.

【文献解題】

　本書は1950年代におけるIRの勃興を背景として，その改善動向と意義についてまとめられた報告書である。本書はACEの下に組織されたOSIR (Office of Statistical Information and Research) の要請に基づいて，本論文の執筆者であり，アメリカ高等教育史の研究者であるBrumbaugh氏によってまとめられたものであり，必要性（第1章），領域（第2章），運営（第3章），効果（第4章）の概要を記述したIRの概説書になっており，本解題は第1章を対象としている。

　本論文では，まず当時の状況を入学者の急増を迎え，さらに社会からの要請に奉仕する機能が大学に求められつつある中で，大学の運営機能が量的にも質的にも増加しつつある点に注目する。大学が民間企業と異なり利益を目的としていない以上，公立であれ私立であれ，公的なサービスを達成することが教育機関に求められていることが強く主張されている。こうした環境変化の中で大学運営に研究データを必要とするような運営の諸側面を検討する場合に，IRの重要性が明確になっているとされる。

　そうした認識を踏まえて，まず政策合意形成におけるIRの活用として，(1)教育空間の適切な使用，(2)カリキュラム構造と開発，(3)教員の労働量の公平な決定，といった面が指摘されており，また計画立案におけるIRの活用としては，健全な長期計画策定には多数のデータが必要であるとの認識，および長期計画は継続的な検証が必要であり，その点でやはり改めてデータが必要であることが指摘されている。

　機関運営におけるIRの活用が必要な背景としては，経営面での多様な疑問に対して共通な特質として，多くの大学経営者が研究に基づく知見に支えられた適切な回答を得ているわけではないことが指摘されている。

　さらに評価におけるIRの活用として考慮すべき仮説として，(1)広範かつ平等な一般教育の提供，(2)一般というより特定の課程における教養教育の提供，(3)教授の質を支える教員・学生比率，(4)科学の実験実習の必要性，(5)週あたりの授業時間数と質との関係，(6)1時間の授業に対して学生が準備するために必要な2時間という仕組，(7)学生の自己決定権の尊重，が提示される。議論そのものは仮説の羅列に留まっているが，1960年当時のIRの到達点，認識を理解するのに有意義な資料となっている。

(沖清豪)

論者（発行年）	Russell, J. D.（1960）
論題名	The Purpose and Organization of Institutional Research
掲載書誌	Axt, R. G. and Sprague, H. T.（eds.） *College Self-Study; lectures on institutional research,* Western Interstate Commission for Higher Education, pp.17-22.

【文献解題】

　本論文は，執筆された1960年のIRの目的と組織について考察している。Russellについては1965年の論考がアメリカを中心としたIR研究の中で管理運営志向のRussellモデルとして言及されるが，本論文もRussellのIRの捉え方を知る上で非常に重要な資料である。

　ここでRussellは1960年当時においてアメリカ高等教育の中でIRの必要性と機能が認識されつつあるとし，基礎研究と応用研究を区別した上で，前者を担ってきたものとして，アメリカ教育局，財団，アクレディテーション協会，ごく一部の大学の4つを挙げるとともに，IRを応用研究として位置づけ，個別機関の重要な問題に方向付けられるものとしている。

　IRを担う形態としては次の4つを挙げている。すなわち，①包括的な機関の自己調査研究（定期的，あるいは長期の間隔で行われる），②常勤職員への調査研究責任の分散，③IRに関する教授会・委員会，④大学の中央管理運営機構の一部としてのIR部局である。これらの組織は互いに排他的なものではないとしながらも，以下のような理由からRussellは高次の管理運営レベルに付置されるIR部局を推奨している。一つは，必要な機関データへのアクセスのため，二つめは，機関運営のあらゆる段階の問題を広範に取り扱うため，三つめは，財政支援の声を届けるためである。

　また，IRを担う組織の要件として次の6つの事項を挙げている。①高等教育の調査を遂行する能力，②不必要で，的外れな研究を繰り返さないような，既存研究に対する知識，③高等教育に関する基礎情報及び一般統計データのソースについての深い知識，④調査活動に従事するための十分な時間，⑤調査についての深く持続的な関心と過程としての調査への信頼，⑥教授や管理運営者等，他と協働する協調的精神，である。そして，なによりもその領域を調査に都合のよい領域として捉えるのではなく，真の問題を扱うことが重要であるとしている。

（岡田聡志）

資料2　インスティテューショナル・リサーチに関する主要文献の解題　179

論者（発行年）	Dyer, H. S.（1966）
論題名	Can institutional research lead to a science of institutions?
掲載書誌	*THE EDUCATONAL RECORD*, Vol. 47, No. 4, pp. 452-466.

【文献解題】

　本論文は，当時の IR をめぐる 2 つの方向性に関する問題意識から，IR が機関の科学になり得るのかを問うている。この論文は Fincher（1985）や Terenzini（1999）でも引用されるなど，1960 年代の IR をめぐる動向を捉える上で重要な論文である。
　Dyer は Cowley の議論から，IR は 1701 年のイェール大学の設立にまでその歴史が遡れるものとしながらも，今日的意味では学生数の急上昇と機関の自己研究のために拠出される財団からの資金を入手できる可能性が増大したことに強力な後押しを受けた現象であるとしている。その一方で，IR が 2 つの方向性，すなわち Sanford（理論志向）と Russell（管理運営志向）の主張を軸に分極し始めているとして，前者は実行可能な解を提供し得ない点，そのためその継続性が保障されない点に問題があるとする一方で，後者は機関としての基本的目的や価値体系に無関心である点，そのため長期的決定や価値判断を伴う決定に対しては問題があることを指摘し，この 2 つの主張を統合する枠組みを提案している。そして，今後の IR の課題として Mayhew を引用し，指標の問題性や計測手法の不足等の問題があることを認めながら，IR が機関の科学（science of institute）になり得る条件として，以下の 3 つのことを挙げている。
(1) IR は，ある種の一般化をその問題に希求しながら，特定機関の真の問題を扱うように組織化されなければならない。
(2) 現在重要と思われる，あるいは今後重要と思われる多くの機関の変数を得るための信頼ある指標を開発・発展させなければならない。
(3) 制約を認識した本当の実験の利用の仕方について，より多くの洗練さを獲得しなければならない。
　Dyer のこのような主張は，Fincher（1985）によれば Dyer の所属先である Educational Testing Service の影響があるとされ，また，機関の特性や科学についての考察・探究が欠けている点が指摘されているが，彼の主張が IR を総括的に論じる現今の種々の論文にまで引用されている事実からすれば 1960 年代に IR の根本的な問題点と方向性を指摘している重要な論文といえるだろう。

（岡田聡志）

論者（発行年）	Rourke, F. E. and Brooks, G. E.（1966）
論題名	The Growth of Institutional Research（3章）
掲載書誌	Rourke, F. E. and Brooks, G. E. *The Managerial Revolution in Higher Education,* The Johns Hopkins Press, pp.44-67.

【文献解題】

　本稿は，1960年代にIRに焦点化した質問紙調査を行っているという点で，IRの歴史的発展を統計的に理解するために重要な，特筆すべき文献である。国内でも喜多村（1973）がアメリカの大学研究について論じる中で本論文に言及し，IRについて論じているのが確認できる。

　質問紙調査は361の4年制州立大学，36の非州立の公立大学，36の私立大学を対象に実施されており，それに加えて33の大学と16州の中央運営委員会に209のインタビュー調査を行っている。質問紙調査は，Institutional Research，電子データ処理，予算，空間的計画と利用，の4つのセクションから構成されている。IRに関する具体的な質問項目としては，IR担当部局・担当者の設置有無から始まり，IR担当部局の名称，設置年月日，教員・職員などの人員配置，担当者の学位の種類や専門分野，その機能と役割などの22項目について問うている。この調査によれば，IRが設置されている学校数は1955年以前には10校ほどであったのに，1960年以降新設する動きが加速し，1964年時点では合計で115校にIR担当部局が設置されていたことが確認される。その一方でIR担当者の関わり方やその機能や役割については回答が分かれている点も確認でき，この点ではDyer（1966）が指摘するようなIRの分極という状況が起こっていた可能性を示唆している。本稿では，この質問紙調査の結果だけでなく，インタビュー調査で得られた各大学におけるIRの事例に，折に触れて言及されており，1960年代のIRが非常に多様なものであり，またそれは種々の大学特性および各州の調整局（coordinating agency）等に影響されたものであったことが論じられている。また，比較的Planning等に権限のあるIRの例としてはロードアイランド大学と北イリノイ大学が挙げられているが，幾つかの大学においてIRの活動が空転している状況にも触れられている。

　RourkeとBrooksは，これらの調査をもとにIRをadministrativeにもacademicにも定義することなく，また，既設のセンターや部局と排他的に定義するわけでもなく，様々な協同の中にIRを位置づけている。このことは，各大学がIRを実施することが目的なのではなく，戦略の中でIRを実施していくことが重要であることを示唆している。

（岡田聡志）

論者(発行年)	Dressel, P. L.（1971）
論題名	Major Problems in Higher Education（1章）
掲載書誌	Dressel, P. L. and Associates *Institutional Research in the University* 　　　　　　　　—*A Handbook,* Jossey-Bass, Inc.

【文献解題】

　本書はIRの表題を掲げた書籍としては，管見の限り初期的部類に入るものであり，1971年にPaul L. Dresselの編集によってJossey-Bassより出版された。国内では喜多村（1973）が本書を参考に，Research on Higher Education, Institutional Research, Self-studyの3つを区別しながらIRについて言及しており，IRの先行研究として注目すべき文献である。

　本稿はその第一章として，まず始めに当時のアメリカの高等教育の一般的環境について時代背景に触れる。さらに，財政，経営管理，教育，学生，他機関との連携の5分野に関して，当時の高等教育の抱える問題点を浮き彫りにした上で，IRにおける位置付けを検討する。

　本稿のまとめとしてDresselは，IRを通じて理解・解決すべき当時のアメリカ高等教育の課題として以下の9項目を掲げている。すなわち，
　(1) 高等教育予算への公的抵抗
　(2) 小さな教育（ハイコスト）からマスプロ教育（ローコスト）への転換
　(3) 行政援助の継続的圧力
　(4) 教育工学の導入
　(5) 大学運営や教育に対する学生の不満
　(6) 費用便益あるいは費用効果研究の要求
　(7) 機関の再検討およびカリキュラムや教育実践の改革
　(8) 問題解決にあたって参加拡大を促す運営改善
　(9) 教育機関間の協力体制の拡大と個々の機関の役割の需要
である。

　その上でDresselは，IRの限界は認めつつも現状把握無くしていかなる組織も改善は不可能であることを指摘し，当時の高等教育の混沌とした状況に的確に対応するためにはIRが重要だと説いている。

　　　　　　　　　　　　　　　　　　　　　　　　　　　　　　（江原昭博）

182　資料2　インスティテューショナル・リサーチに関する主要文献の解題

論者（発行年）	Dressel, P. L.（1971）
論題名	Nature of Institutional Research in Self-Study（2章）
掲載書誌	Dressel, P. L. and Associates *Institutional Research in the University—A Handbook,* Jossey-Bass, Inc.

【文献解題】

　本稿は *Institutional Research in the University* の2章に該当する部分であり，前章でIRの必要性が指摘されたことを受け，この章では1970年代初頭のIRの状況と抱えていた問題等について論じている。

　この章におけるDresselの問題関心としては，まずIRがほんのわずかな経費でしか運営されておらず，またその活動内容にさえ疑念や懸念が向けられているという状況が挙げられる。その例として，比較的組織立ってIR活動を行っているとされるミシガン州立大学でさえ，IRの予算は全体の0.25%ほどに過ぎない点が指摘されている。また，高等教育研究とIRの境界は非常に曖昧であるとして，DresselはIRの基本的目的に立ち返る必要があるとして，活動が要請される背景と形態，その優先事項と協働性，そしてIRが対象とするテーマの分析視角とその問題性について考察している。

　Dresselはここで，IRの基本的目的を「目標の達成を妨げたり，無駄な資源利用という問題のために，機関の機能を徹底的に調査すること」と定義している。その活動を要請する主体は様々であり，連邦政府や評価機関，あるいは調査研究などによるデータ要求もあれば，管理運営担当者や教授，あるいはIR部門そのものが問題を特定し要請することもある。このように多様な要求は，IRの活動に優先事項の問題を提起する。優先されるべきものとして，Dresselは表面化している主な問題，あるいは今後近いうちに生じうる問題を優先することを強調している。また，キャンパスに関するIRにおいては，標準化が困難なことから分析と解釈の仕方について説明すること，アグレディテーション等の地域の要求（Local Stress）と全使用データの公開に応答すること，が最優先事項であると論じている。そして，IRが扱うテーマを環境，過程と業務，最終的な成果の三つに分割し，その三つの領域の各論においてのIRの取り扱い方とその問題点，及びインプット・アウトプット分析，費用便益分析等の問題点を指摘している。

　本稿は，IRが歴史的に展開する中で抱えた問題を対象にしたというよりも，1970年代初頭のIRが抱えていた問題に焦点が当てられているといえる。よって，Dresselが定義するIRの基本的目的についても1970年代当時の状況が色濃く反映されているようにも見える。しかし，指標や分析方法の問題の指摘はHenry Dyer（1966）とも共通しており，当時のIRにおいてその問題が深刻なものであったことを示唆しているといえるだろう。

（岡田聡志）

論者(発行年)	Lasher, W. F. and Firnberg, J. W.(1983)
論題名	The Future of Institutional Research
掲載書誌	Firnberg, J. W. and Lasher, W. F. (eds.) *The Politics and Pragmatics of Institutional Research. New Direcrions for Research,* No.38, pp.89-100.

【文献解題】

　本論文は，NDIR誌38号の終章にあたる部分であり，その目的は各章を包括的に扱うとともに要約し，1983年当時のIRの役割について考察し，将来の役割についての展望を示すことに置かれている。38号が「IRの政治性と実用性（The Politics and Pragmatics of Institutional Research）」と題されているように，その議論の中心はIRが抱える政治性とその上で今後IRはどのような役割を担うべきかという考察に向けられている。

　LasherとFirnbergは，IRの方向性をめぐる歴史的な議論として，高等教育に関する理論研究と管理運営者と連携して（学内）政策や意思決定の支援を行う2つの方向性があることに触れ，SanfordとRussellを取り上げた上で，Russellモデルが少なくとも1983年時点では支配的であり，それゆえに意思決定・政策決定・計画の本質により，機関，IR，そして情報の政治的性質（政治性）に対処せざるを得なくなっているとしている。ここで筆者の言う政治性とは，政策や意思決定に個人や組織，他の構成要素が影響を及ぼすこととして定義される。

　このような問題意識のもと各章各論者の議論について考察を加えた後，LasherとFirnbergはIRはその性質として政治性を含みながらも，機関の計画（planning）に積極的に関わっていくべきであるという結論を提示している。これは，計画においてはまず過去・現在・未来（予測）の情報が必要であることから支持されるとともに，成長から削減へと時流が変化しつつある80年代においては，そのような機能を果たすことこそがIRの生き残りの道であると説明されている。

　このLasherとFirnbergの議論は，IRがその政治性から一定の距離を保とうとする姿勢から積極的に関与していく姿勢に転換していくその転機を示すとともに，日本に置き換えて考えた場合，IRと大学評価の関係性を考える上で大いに示唆を与えるものである。すなわち，日本においても大学評価という枠組みの中で中期計画の策定等に対してIRが果たす役割は大きいものと考えられるが，今後その政治性をどのように位置づけていくかが課題になるものと思われる。

（岡田聡志）

論者（発行年）	Fincher, C. (1985)
論題名	The art and science of institutional research
掲載書誌	Peterson, M. W., and Corcoran, M. (eds.) *Institutional Research in Transition. New Directions for Institutional Research,* No. 46, pp. 17-37.

【文献解題】

　本論文は，執筆された1985年当時までのIRの歴史的発展について整理するとともに，科学（science）としてのIRと技芸（art）としてのIRを問うことにより，今後のIRの展開や担うべき役割について論じている。NDIR誌46号は全体を通じてIRの変遷について議論を展開しているが，本論文はIRのコンテクストや機能変容を理解する上で有効であるとともに，簡潔ながら包括的にIRの歴史的展開に言及しているため，国内のIR研究においても多く引用される論文である。

　Fincherによれば，そもそもIRは機関内の機能・活動に組み込まれたものであり，Thomas Dyerを引用する形で古くは歴史家・大学史家がIRの第一人者として定義される場合もあるとしている。現代のIRに通じる組織的なIRの典型的な例としては，1924年のミネソタ大学での，カリキュラム，学生の在籍率，試験の成績を研究する委員会の設置が挙げられている。このように，IRの活動の起源は機関の自律的改善の枠組みや機関内の関心，あるいはその文脈に大きく規定されるものとして捉えられ，IR自体多様なものとされているが，FincherはそこからHenry Dyerの議論に依拠し，60年代に指摘されたSanfordとRussellに象徴される長期的な，理論に方向付けられた研究と，実践的で，純粋に運営上の問題を取り扱う研究の対立（conflict）が，70年代には前者は省みられることがなくなり，高等教育に関する政治的，法的，財政的問題が中心となり，経済的，司法的，技術的解決の模索が主となっていき，1980年代の政策に関連付けられた研究まで発展してきたことが描かれている。

　その結果として，IRは機関内の様々な問題に対し，多種多様な方法を用いてアプローチすることを可能にしてきたが，その一方でIRは科学としても技芸としても未だ不完全な状態にあることが指摘されている。今後のIRの発展のためには，政策に関連付けられた研究だけでなく，Dyerが指摘したように，理論に関係付けられた研究の双方に貢献することが必要であるとFincherは結論付けている。

（岡田聡志）

資料2 インスティテューショナル・リサーチに関する主要文献の解題 185

論者（発行年）	Peterson, M. W., and Corcoran, M.（1985）
論題名	Proliferation or professional integration: Transition or transformation
掲載書誌	Peterson, M. W., and Corcoran, M.（eds.） *Institutional Research in Transition.* *New Directions for Institutional Research,* No. 46, pp. 99-112.

【文献解題】

　本論文は，NDIR46号のまとめに該当する部分であり，46号に所収されている3つの論文に言及する形で，3つの基本的問題を問うている。すなわち，一つはIRの現状はどのようなものか，二つめは最近の環境変化がIRに対して示唆するものは何か，三つめは，もしIRが高等教育機関の業績を改善する実行可能な機能であり続けるならば，何をする必要があるかということである。
　まず現状としてIRはその発展と担当者の増加とともに，拡散と分裂の状態に陥っているとし，不確実性が増大していると指摘している。そして「教育環境」「ガバナンス・経営」「テレマティクス」という3つの異なる環境の変化が示唆する共通の事項として次の3つを挙げている。第一に，それぞれの新たな環境はIRの異なった実践的機能を要請しているにも関わらず，良い情報，良い分析，良い研究の重要性を強調している点では共通しているということ，第二に，それぞれの環境変化が示す理論的・概念的強調点は異なるにも関わらず，いずれも中等後教育が持つ独特の性質について理論と方法と経験的アプローチを関連付けることが重要であると認識していること，第三に，それぞれの新たな環境はいずれも，理論と実践の応答，幅広い指針，良き実践を必要としていること，である。
　その上で結論として，PetersonとCorcoranは「変化する中等後教育の環境やIRの制度的文脈により注意を払うこと」や「プランニング・マネジメント・資源配分・評価決定に関する情報収集・分析・調査・情報の活用という包括的プロセスとしてIRの実践を捉える共通の視点を持つ必要があること」，「新たな合理的方法に対応し，実践に理論を関連付けるIRを通じて中等後教育機関を改善させることに焦点を当てた専門的テーマを推進すること」といった13項目の活動アジェンダを提案している。

（岡田聡志）

論者（発行年）	Middaugh, M. F.（1990）
論題名	The Nature and Scope of Institutional Research
掲載書誌	Jennifer B. Presley.（ed.） *Organizing Effective Institutional Research Offices.* *New Directions for Institutional Research,* No.66. pp.35-48.

【文献解題】

　本論文は，高等教育組織をオープンシステムとして捉えることによりその組織機能を特定化し，その観点から収集・分析すべきデータや項目，さらにその活動を支援する不可欠なデータソースや団体などについて論じている。このことにより，MiddaughはIRの及ぶ範囲とその性質についての一般的な枠組みを構築しようと試みている。

　Middaughは，組織が継続的に存続するための中心的問いとして，今組織はどこにあるのか，組織はどこに向かっているのか，到達すべき目標のための最善の手段とは何か，という3つの問いを掲げ，これらがIRの実用的定義に密接に結びついていることを指摘している。その上で，IRは特定の問題に関する調査研究のつぎはぎであるべきではないという問題意識から，組織論を導入し，組織や機能について考察する必要があると論じている。

　このような問題意識をもとにして，カレッジや大学をオープンシステムと捉えることにより，その基本要素であるInput, Process, Output, さらに外部環境（External Environment）を加えた4つの要素から，IRが扱うべき具体的な問いや項目を列挙している。その中には，例えば学生教員比といった単純なものから，認知的成果（Cognitive Outcome）といったその測定法が研究されている段階のものまで多彩なものが記載されている。このように，確かに一部のOutputやProcessにおける生産性や質を計測する尺度などに関しては，Middaugh自身もその方法が発展段階であることを認識していることが確認できるが，これらの列挙された問いや項目は，今後日本の大学がIRを導入し実践していく中で，その活動を方向づけるのに非常に参考になるものと考えられる。

　また，Middaughはその問題意識を受け，NCHEMS（National Center for Higher Education Management Systems）やIPEDS（Integrated Postsecondary Educational Data System），あるいはカリフォルニア大学のAstinらの研究に言及する形で大学間比較の重要性を指摘している。これらのデータベースのあり方や研究アプローチも国内におけるIRの発展に大いに示唆を与えるものであるといえる。

（岡田聡志）

資料2　インスティテューショナル・リサーチに関する主要文献の解題　187

論者（発行年）	Endo, Jean.（1992）
論題名	Student Impacts
掲載書誌	Whiteley, Meredith A., Porter, John D. and Fenske, Robert H.(eds.) *The Primer for Institutional Research,* Association for Institutional Research, pp.25-36.

【文献解題】

　本書は題名どおり，IRの概要について広く，論者が項目ごとに執筆しているものであり，その3章目に該当するのが本論文である。

　本論文では学生の成長における大学教育のインパクトについて多様な参考資料を紹介し，そのIRとしての視点から調査を実施するに当たっての概要と留意点が示されている。

　まずstudent impactの包括的な先行研究としてAstin（1991）とPacarella & Terenzini（1991）が紹介されている。

　その上で，実際に調査を行う手順として，第一段階（状況A）として目的，特に学生のアウトカムについて定義の明確化することが提示され，さらに第二段階（状況B）として具体的な目的に対応したデータ収集のモデル作りが必要とされる。その際改めて一つの例としてAstinのIEOモデルが提示される。

　実際の調査にあたっては社会調査法の導入的な説明がなされており，さらに経年データの収集の必要性も指摘されている。質問紙の作成，データセットの作成の重要性など，社会調査に関連する各種基本情報が指摘されデータ分析を行った上で，最後に結論の提示の様式が示されている。

　本論文はIRの研究というよりも，実際にIRに関与する初心者向け研修テキストとして考えると，1990年代初頭のIR運営者に求められていた技量・発想が示されていると解釈できる点が注目される。本書の他の論稿も基本的に同様の形式で作成されており，現時点でも入門書としては有効である。

　なお，他の項目として，入学管理，教員の要求，教員集団の給与，同類型内の他機関，多様性，環境確認，TQM，学術的な評価（review），コスト分析が，IRの主たるテーマとして設定されている。

（沖清豪）

論者（発行年）	Volkwein, J. Fredericks（1999）
論題名	The Four Faces of Institutional Research
掲載書誌	Volkwein, J. Fredericks（ed.） *What Is Institutional Research All About?: A Critical and Comprehensive Assessment of the Profession,* *New Directions for Institutional Research,* No. 104, pp.9-19.

【文献解題】

　本論文はIRが導入される背景の説明とIRの目的別類型化を図っており，IRの入門編と位置づけられる。著者のVolkweinは刊行当時AIRの雑誌編集主幹の立場にあり，現在もペンシルベニア州立大学の高等教育政策センターで活躍中である。本書全体の内容についてはPeterson（1999）の解題を参考されたい。

　本論文ではまず，近年の大学が直面している二面性をはらむ問題として，内的な要求と外的な要求，学術的な文化と経営的な文化，機関としての欲求と専門職集団としての欲求の三つを指摘する。その上で，こうした問題から生じる政策的緊張関係として，政策間で対立が生じている課題を，費用の高さへの注目，経営の効率性と生産性の向上の要請，大学の費用対効果，アクセスの拡大，アカウンタビリティの要請，の5点に整理する。

　これらを踏まえて，大学が直面している緊張関係として，第一にキャンパスの自律性とそれに対する公的アカウンタビリティの要請という緊張，第二にアクセスの拡大と相反する水準の保持という緊張，第三に生産性と技術革新という緊張，第四に費用・効率性重視か質・効果を重視するかという理念的緊張，そして第五に内部改善を目的とするか外部に対するアカウンタビリティを目的とするかといった評価の目的をめぐる緊張が指摘されている。

　論文の最後に，IRを目的・対象，および組織的役割・文化の観点から以下のとおり，4類型が提示されている。(1) 形成的評価・組織的目的によって実施され，キャンパスコミュニティの教化が目指される「情報部局としてのIR」，(2) 形成的評価・専門的観点に基づいて実施され，政策・計画立案のコンサルタント的機能が求められる「政策分析者としてのIR」，(3) 総合的評価・組織的目的によって実施され，組織の支援が目的となりがちな「助言者としてのIR」，(4) 総合的評価・専門的観点に基づいて実施され，分析的な外部アカウンタビリティの機能も果たす「学者・研究者としてのIR」。

　こうした組織的な観点からIRを捉え，IRの定義とする方法は日本のIR・高等教育研究者に強い影響を及ぼし，特に類型化の図表は日本のIR研究者によってしばしば引用されている。とりわけIRの機能が多様であり，機関内の緊張関係から必要とされていることについての指摘は重要である。

（沖清豪）

資料2　インスティテューショナル・リサーチに関する主要文献の解題　189

論者（発行年）	Terenzini, Patrick T.（1999）
論題名	On the Nature of Institutional Research and the Knowledge and Skills It Requires
掲載書誌	Volkwein, J. Fredericks（ed.） *What Is Institutional Research All About?: A Critical and Comprehensive Assessment of the Profession,* *New Directions for Institutional Research,* No. 104, pp.21-31.

【文献解題】

　本論文は*NDIR*104号の第2章として，Volkweinが提示したIRの4側面を踏まえつつも，一般におけるIRの特質と求められている知識・技能について検討したものである。著者のTerenzini, P.T.は1995年までの10年間AIRの雑誌編集主幹の地位にあり，現在に至るまでIR研究の代表者の1人である。

　本論文は大きく二つの内容から構成されている。前半はIRの概念の明確化を目指したもので，本報告の前半に紹介されている諸論文・著者の相当数が本論文で言及され，最終的にIRの概念整理が依然として進んでいないこと，しかしIRの特徴とそれがほとんどのキャンパスで果たすべき役割は，州や連邦の政策の決定の結果につれて，学生という顧客の変化につれて，ITの進化につれて，予算環境の変化につれて，高等教育の国際化につれて，政策立案過程の複雑化と洗練化につれて，そして機関の効果を増大させることへの要求の数と規模の増大によって，進化し続けていることが示唆されている。

　後半ではWilensky（1969）やFincher（1985）を援用して，IRを「組織的インテリジェンス（organizational intelligence）」ないし「高等教育の機関内において，政策に関連する研究のための強力な資源と能力を伴う専門的，技術的専門性」と位置づけ，専門性の必要なものと再定義を試みている。特に第1層「技術的／分析的インテリジェンス」として基礎的な技術の必要性を唱え，第2層「課題インテリジェンス」は機関の機能や政策決定過程をめぐる課題を提唱し，第3層「文脈インテリジェンス」は高等教育全体の文化と特定の大学・キャンパスの文化との総合的な理解が求められている。

　抽象的な議論の中でも現実の状況を踏まえて，IRの必要性，とりわけその専門的技能・資質・知の必要性について言及している点が示唆に富んでいる。

（沖清豪）

論者（発行年）	Peterson, Marvin W.（1999）
論題名	The Role of Institutional Research: From Improvement to Redesign
掲載書誌	Volkwein, J. Fredericks（ed.） *What Is Institutional Research All About?: A Critical and ComprehensiveAssessment of the Profession,* *New Directions for Institutional Research,* No. 104, pp.83-103.

【文献解題】

　本論文が掲載されている *New Directions for Institutional Research* 第104号は，題名が示すとおり，20世紀末におけるIRに関する全体像を明確に示すための諸論文から構成されている。特に導入部分における雑誌の特集から見たIRの類型化，Volkwein(1999)で示されているIRの4類型，そして本論文が示しているIRの歴史・環境的な分析は，日本におけるIR研究の原典として最も重要視されている論文集と位置づけられる。著者のPetersonは当時ミシガン大学の高等・中等後教育研究センターの教授であり，AIRにおいて種々の重責を担ってきた人物である。

　本論文は論文集の末尾に位置づけられるものとして，IRの将来展望を含んだ広い視野・文献紹介を中心にしたIRの将来像を描き出すものとなっている。特にその視点として，(1)専門職的な自己省察，(2)機関への適応，(3)産業としての高等教育という視点の重要性が仮説的に示されている。

　また，IRの発展に関する通史が記述され，1950年代から1960年代の「成長と拡大」，1960年代から1970年代初めの「分裂と需要」，1970年代半ばから1980年代初めの「縮小と抑制」，1980年代半ばからの「入学管理と財政管理」といったIRの対象・課題が示されている。

　最後に，歴史から学ぶべき仮題として以下の5点を指摘している。

　(1)挑戦は機関の管理運営，組織上のモデル，成果の判断指標は基本的に外部のものである。(2)より複雑になり，気前が悪くなり，より批判的な反応が生じる環境のもとで挑戦が生じている。(3)機関の管理，運営，成果の類型に対応した管理的な反応によって処理されている。(4)IRはその機関が挑戦に対応し，その役割と活動の構成を拡大している過程における批判的役割を果たしている。(5)新しいIRの方法・活動が古い活動を凌駕することはない。

　改善から再設計へという副題のとおり，IRの将来的展望と残されている課題について包括的に整理したものとして，本論文並びに本書全体は今後もIR実践・研究のメルクマールと位置づけられるものである。

（沖清豪）

論者(発行年)	Terkla, Dawn Geronimo. (2001)
論題名	Competencies, Regional Accreditation and Distance Education: An Evolving Role?
掲載書誌	Richard A. Voorhees (ed.) *Measuring What Matters: Competency-Based Learning Models in Higher Education,* *New Directions for Institutional Research,* No. 110, pp.65-81.

【文献解題】

　著者のTerklaは，マサチューセッツ州の私立大学タフツ大学のインスティテューショナル・リサーチ (IR) オフィスのエグゼクティブ・ディレクターである。本論文は，アメリカの高等教育機関のアクレディテーション（適格認定），特に地域アクレディテーション団体による適格認定の基準に，高等教育のアウトプットとしての学生の学力がどのように位置づけられているかを示し，IR が活用できる方法に関する示唆を得ようとするものである。

　地域アクレディテーションとはアメリカ全土が6つの地理的な地域に分かれ，それぞれの地域に大学の適格認定を行う団体が存在して大学間相互のメンバーシップの審査を行う機能を負っているという仕組みである。この仕組みには大学に対する法的な強制力はないが，しかし適格認定の基準を満たす機関のみにメンバーシップを与えることにより，アメリカの大学の質の保証の機能を果たしているものである。Terklaは本論において，各地域アクレディテーション団体の適格認定基準は，基本的に伝統的高等教育機関を念頭に置いて設計されていることを指摘したうえで，遠隔教育の擡頭に代表される高等教育のモードの変化にともなって高等教育のアウトカムを計測する手だてとしての学生の学力を評価することを目的とした，CRACが示している9つの視点とCHEAが示す3つの視点を紹介している。ここで注目すべきは，本論文が，学生の学力に基づく高等教育機関の評価は，今は遠隔教育のみについて語られているが，早晩高等教育機関全般に拡大されて適用されることになる可能性を指摘していることである。この指摘は，2006年の教育省長官によるいわゆるスペリングス・レポートが，アクレディテーションのアウトカム重視への転換を主張したことによって現実となった。ここで整理されたアクレディテーション団体側が呈示した学力計測の方法はいまだ定性的であり，スペリングス・レポートではより定量的な方法の採用が求められているが，2001年の時点で，あらゆる高等教育機関のIRにアウトカムを計測する方法を備える必要を提唱した本論文は，高等教育政策全体に対するIRオフィサーの先見性を示す具体例でもある。

(森利枝)

論者(発行年)	ランディ・L・スウィング(山田礼子訳)(2005)
論題名	米国の高等教育における IR の射程，発展，文脈
掲載書誌	大学評価・学位研究，第3号，pp.23-30.

【文献解題】

　本論文は，現時点にいたるまで日本国内で IR の機能とその実際についてもっとも明確に記述されているものである。原著者であるスウィング博士は本論文執筆時に初年次教育政策研究センター(Policy Center on the First Year of College)所長であり，現在は AIR の事務局長に選出され，アメリカ国内の IR を組織統括する立場にある。

　本論文はアメリカにおける IR の発展史を概観し，まず IR の定義として，Dressell (1981) に依拠して「意思決定者が機関，その教育上の目的，目標と目的，環境的要因，過程，そして賢明に資源を使用でき，目的と目標を首尾よく達成でき，そしてそうする際に誠実性とアカウンタビリティを証明できるような構造について知りたいことに対処すること」としている。

　続いて，本論文では IR に従事する IR 担当者(本論文ではカタカナでインスティテューショナル・リサーチャーと訳出される)の基本的属性が，女性が半数を占めるようになってきていること，博士号取得者が半数になること，多様な学問的背景を有しつつ，4割程度が教育学を専攻していること，従事者の4割程度が11年以上 IR に従事しており，キャリアを構築していくための重要な職務として認識されていること，小規模な私立大学では IR 担当者が少数になりがちであることなどが紹介されている。

　その上で，IR 担当者の業務を大きく9つに分類し，過去の評価，現状の監視と検討，将来予測と整理している。

　最後に IR 担当者の倫理規定の重要性を示している。特に専門職としての IR 担当者に必要となる「倫理規定」が1992年以降採用されてきていることが指摘されている。

　本論文の意義は，改めて IR の重要性を簡潔な文章で示したこと，IR の視点にあたって専門職としての視点が重要であること，そして管理経営の側面からのみでなく，基本的な視点として「教育上の目的」，すなわち提供している教育の改善が意識される必要があることが示されていることにある。現時点で IR を理解するために，読むべき必須文献の一つと位置づけられるであろう。

(江原昭博)

資料2 インスティテューショナル・リサーチに関する主要文献の解題 193

論者（発行年）	喜多村和之（1973）
論題名	アメリカにおける『大学研究』の展開－序説
掲載書誌	広島大学大学教育研究センター『大学論集』1集，20-31頁．

【文献解題】

　本論文は，日本で最初に創設された高等教育研究の専門機関である広島大学大学教育研究センター（現：高等教育研究開発センター）が刊行する研究紀要『大学論集』の第1集に掲載された論文のひとつである。著者である喜多村和之氏は，同センター創設時の最初の専任教員であり，わが国の高等教育研究に先導的役割を果たしてきた泰斗の一人である。

　この論文は，アメリカにおいて1950年代後半まで学問ジャンルとしての市民権を認められていなかった「大学研究」が，1960年代から1970年代にかけて1000件をこえる研究プロジェクトが常時展開され，質・量ともに多彩な研究成果が発表されるまでに急速に発展してきたことについて，その背景と要因を検討したものである。このような「大学研究」の展開の背景として，1960年代の大学紛争という student activism に対して大学研究という academic reaction がなされたこととともに，"大学の自己研究" として大学がみずからを調査・研究の対象とし，客観的な自己分析・評価を試みる営みとしての主体的な自己研究活動の制度化がなされてきたことが指摘されている。そして，アメリカにおける "大学の自己研究" には，(1) 高等教育研究（Research on Higher Education），(2) 管理運営面を主体とした自己調査（Institutional Research），(3) 大学改革や政策立案等の形成にかかわる自己検討（Self-study）の3種類の動向が存在していたことが示されている。

　この論文を，本書の主題であるIRの観点から読み返すときに重要なことは，「高等教育研究」と「IR」の機能と役割の相違が明確に整理されていることである。具体的には，IRは大学のAdministrationの一部に付置され，専門職としてのAdministratorがスタッフとしてその業務を担当し，特定の大学ないし州・地域の個別大学を研究対象とする。そして，その内容は学生の大学入学やプランニングなどの予測的研究，特定の行動を正当化するための統制的研究の志向が強いとする。他方，高等教育研究は，高等教育に関連する諸問題や問題点を明確にすることから出発し，その問題の理解ないしは解決に貢献することを目的とする解明的研究の志向が強いとする。さらに，IRは① Academic Freedom の保障に与らないこと，② 原則的に実効性を主眼としていること，③調査結果自体のもつ価値よりもそれが大学の機能的欠陥をいかに軽減するか，効率性を高める措置をどの程度促進させたかによって成否が測られる，という3つの点を特徴として指摘しており，これらのことは学術研究と大きく異なると言及されている。

現在日本において，大学評価制度の本格的実施，学生募集や大学経営の戦略的展開の必要性，学士課程教育の構築として大学教育における教育プログラムや教育方法の見直しの議論がなされるなかで，大学の経営及び教育研究活動を再検討するための機能として，IRの必要性が提起され始めている。このようななか，わが国の高等教育研究の草創期である約35年前に，すでに高等教育研究とIRの相違と相互補完について的確な紹介がなされている本論文の先駆性に敬意を抱かないではいられない。この論文は，高等教育研究とIRの関係を検討するための日本語による基本文献として位置づくものであろう。

(白川優治)

資料3

国内インスティテューショナル・リサーチ実践を知るための代表的なサイト

同志社大学高等教育・学生研究センター（学生調査）
http://rc-jcirp.doshisha.ac.jp/index.php

同志社大学・北海道大学・大阪府立大学・甲南大学「相互評価に基づく学士課程教育質保証システムの創出－国公私立 4大学IRネットワーク」（IRネットワーク 学生調査）
http://www.irnw.jp/

立命館大学　IRプロジェクト（学びのIR）
http://www.ritsumei.ac.jp/acd/ac/itl/irp/index.html

関西国際大学・神戸親和女子大学・比治山大学・比治山大学短期大学部「データ主導による自律する学生の学び支援型の教育プログラムの 構築と学習成果の測定」（学習支援型IR）
http://www.kuins.ac.jp/kuinsHP/extension/renkei09/index.html

島根大学　教育開発センター（教学IR）
http://cerd.shimane-u.ac.jp/index.html

九州大学　大学評価情報室
　　http://www.ir.kyushu-u.ac.jp/home/

室蘭工業大学　大学経営評価指標
　　http://www.muroran-it.ac.jp/syomu/hyoka/keiei.html

法政大学　大学評価室
　　http://www.hosei.ac.jp/hyoka/tenken/daigaku_hyoka_shitsu.html

芝浦工業大学　「PDCA 化と IR 体制による教育の質保証」
　　http://www.shibaura-it.ac.jp/about/support_program/pdf/documents_program15.pdf
　　http://gp-portal.jp/material/linkMaterial/1925_linkMaterialImage.pdf
　　http://www.jsps.go.jp/j-pue/data/kohyo/h22/daigaku/A3036.pdf

金沢工業大学　「学生の成長支援型 IR システムの構築」
　　http://www.kitnet.jp/news/index.cgi/id/00460/
　　http://gp-portal.jp/material/linkMaterial/1930_linkMaterialImage.pdf
　　http://www.jsps.go.jp/j-pue/data/kohyo/h22/daigaku/A3074.pdf

日本福祉大学　「教育の質保証に資する福祉大学型 IR の構築」
　　http://www.jsps.go.jp/j-pue/data/kohyo/h22/daigaku/A3096.pdf

名古屋大学　評価企画室
　　http://www.epe.provost.nagoya-u.ac.jp/

愛媛大学　経営情報分析室
　　http://www.ehime-u.ac.jp/~omia/

参考文献

【和書・国内論文】

青山佳代, 2006, 「アメリカ州立大学におけるインスティテューショナル・リサーチの機能に関する考察」『名古屋高等教育研究』6, pp.113-130.

潮木守一, 1993, 『アメリカの大学』講談社.

江原昭博, 2009, 「アメリカにおける大学の同窓会：その成立過程と日本への示唆」『国立教育政策研究所紀要』138, pp.125-139.

江原昭博, 2010, 「アメリカの大学における卒業生を対象とする研究：Alumni Studies の歴史的変遷」『早稲田大学大学院文学研究科紀要』55, pp.155-168.

江原武一, 1994, 『現代アメリカの大学―ポスト大衆化をめざして』玉川大学出版部.

大久保敦, 2010, 「本学の教育調査の現状と今後の課題（特集　大阪市立大学における教育調査の現状と課題）」大阪市立大学『大学教育』7（2）, pp.87-95.

岡田聡志, 2009, 「Institutional Research の組織化と変容―米国における差異と欧州における展開」『早稲田大学大学院文学研究科紀要』54, pp.67-77.

岡田聡志, 2009, 「私立大学における Institutional Research の実態と意識―大学類型との関連性」『大学教育学会誌』31（2）, pp.116-122.

沖清豪（研究代表）, 2009, 『私立大学における IR の現状―2008 年度全国私立大学調査報告書』（2008 年度早稲田大学教育総合研究所 B14 部会研究成果報告書）.

沖清豪, 2009, 「高校での経験や受験と大学満足度」『Between』231, pp.42-43.

沖清豪, 2010, 「大学における情報の発信と IR（Institutional Research）」『大学マネジメント』6（6）, pp.8-17.

沖裕貴・井口不二男他, 2009, 「教育改革総合指標（TERI）の開発―FD の包括的評価を目指して―」『立命館高等教育研究』8, pp.93-107.

加藤毅・鵜川健也, 2010, 「大学経営の基盤となる日本型インスティテューショナル・リサーチの可能性」『大学論集』41, pp.235-250.

金子元久, 2008, 「はしがき」東京大学大学院教育学研究科大学経営・政策研究センター『全国大学生調査：第一次報告書』.

苅谷剛彦編, 1994, 『大学から職業へ―大学生の就職活動と格差形成に関する調査研究』広島大学大学教育研究センター.

喜多一・井田正明, 2004, 「大学評価と情報」『組織科学』38（2）, pp.4-17.

喜多村和之, 1973, 「アメリカにおける『大学研究』の展開―序説」『大学研究』1, pp.20-31.

喜多村和之, 1998, 「高等教育研究の過去・現在・未来」『高等教育研究』1, pp.29-46.

小林雅之・両角亜希子・片山英治，2007，『わが国の大学の財務基盤強化に向けて：研究序説：東大―野村 大学経営ディスカッションペーパー No. 01』東京大学大学総合教育研究センター．

小林雅之・両角亜希子・片山英治・羽賀敬，2008，『アメリカの大学の財務戦略：4大学現地調査報告：東大―野村 大学経営ディスカッションペーパー No. 05』東京大学大学総合教育研究センター．

小湊卓夫・中井俊樹，2006，「国立大学法人におけるインスティテューショナル・リサーチ組織の特質と課題」大学の諸活動に関する測定指標調査研究会『大学の諸活動に関する測定指標の調査研究』pp.229-247.

佐藤仁・森雅生他，2009，「大学情報の組織内共有と活用―九州大学大学評価情報室の取組から」『大学探求』2, pp.1-11.

島一則，2006，「国立大学における寄附金の現状」『IDE 現代の高等教育』484, pp.65-69.

島根大学教育開発センター，2009，『島根大学卒業生・修了生に対する教育成果の検証調査　学士課程ダイジェスト版　2003-2007年』．

清水畏三，1987，「アメリカの大学校友会―その母校愛と寄附」日本私立大学連盟『大学時報』36(192), pp.46-49.

進研アド，2009，「『Between』会員メールアンケート・IR を教学に活用するための課題は？」『Between』2009年冬号, p.21.

スウィング・ランディ・L.（山田礼子訳），2005，「米国の高等教育における IR の射程，発展，文脈」『大学評価・学位研究』3, pp.23-30.

「大学経営評価指標」委員会，2007，「第3期『大学経営評価指標』研究会」．http://www.jma.or.jp/public/juam/index.html　(2010年12月1日閲覧)

田中義郎，2006，「アメリカ大学のファンドレイジング―フィランソロピーの制度化の賜物」『IDE 現代の高等教育』484, pp.54-59.

戸村理，2010，「戦後期私立大学における寄付金募集と大学経営：慶応義塾大学と早稲田大学の事例から」『日本高等教育学会第13回大会発表要旨集録』pp.14-15.

鳥居朋子，2005，「大学におけるインスティテューショナル・リサーチの実効性に関する考察」『名古屋高等教育研究』5, pp.185-203.

鳥居朋子，2007，「データ主導による教育改善のシステムに関する考察」『名古屋高等教育研究』7, pp.105-124.

中島英博，2010，「経営支援機能としての経営情報システムの必要性に関する実証分析―米国のインスティテューショナル・リサーチに注目して―」『高等教育研究』13, pp.115-127.

日本私立大学協会附置私学高等教育研究所，2007，『私立経営システムの分析』私学

高等教育研究叢書 (1).
日本私立大学協会附置私学高等教育研究所, 2009,『高等教育の新しい側面―IR の役割と期待』私学高等教育研究所シリーズ, No.36.
日本私立大学団体連合会, 2009,『私立大学における教育の質向上―わが国を支える多様な人材育成のために―』日本私立大学団体連合会.
日本福祉大学, 2008,『2009 年度事業計画』.
http://www.n-fukushi.ac.jp/data/2009/jigyo/j-keikaku.htm（2010 年 12 月 1 日）
日本福祉大学, 2009,『2010 年度事業計画』.
http://www.n-fukushi.ac.jp/data/2008/jigyo/j-keikaku.htm（2010 年 12 月 1 日）
日本労働研究機構, 1992,『大学就職指導と大卒者の初期キャリア』日本労働研究機構.
根岸正光・山崎茂明, 2001,『研究評価―研究者・研究機関・大学におけるガイドライン』丸善株式会社.
林隆之, 2006,「オランダにおける大学の研究評価の展開」『大学評価・学位研究』4, pp.39-50.
藤垣裕子・平川秀幸・富澤宏之・調麻佐志・林隆之・牧野淳一郎, 2004,『研究評価・科学論のための科学計量学入門』丸善株式会社.
Benesse 教育研究開発センター, 2010,『質保証を中心とした大学教育改革の現状と課題に関する調査＜報告書＞』ベネッセコーポレーション.
法政大学, 2009,「教育研究の質の向上のために（自己点検・評価体制概要）」.
http://www.hosei.ac.jp/hyoka/tenken/pdf/panphlet200902.pdf（2010 年 12 月 1 日）
松井寿貢, 2009,「改革担う大学職員　大学行政管理学会の挑戦　大学経営評価指標研究会教育成果の『見える化』に挑む　教職協働（UD）もテーマに研究」『教育学術新聞』2009 年 7 月 1 日号.
松塚ゆかり, 2010,「高等教育のナレッジマネージメント―米国の IR が進める学部横断的「知」の共有―」『大学論集』41, pp.455-471.
丸山文裕, 2006,「アメリカの大学における基本財産管理」『IDE 現代の高等教育』484, pp.59-65.
森利枝, 2009,「日本の大学の IR―それはいかにあり得るか」『Between』228, pp.8-9.
山田剛史, 2007,「学生の視点を踏まえた初年次教育の展開：多様化を見据えた教育改革の組織化に向けて」『島根大学生涯学習教育研究センター研究紀要』5, pp.15-29.
山田礼子, 2003,「同窓会サイトへアクセス―大学本体の活動と密接にリンクした展開」『カレッジマネジメント』122, pp.48-51.

山田礼子，2004,「ホームページに世界の大学戦略をみる (6) Institutional Research Officeへのアクセス今後日本でも重視される『IR部門』の役割」『カレッジマネジメント』126, pp.29-33.
山田礼子，2005,『一年次（導入）教育の日米比較』東信堂.
山田礼子，2007a,「学内のデータ収集急げ IRの重要性と専門職の養成」『教育学術新聞：アルカディア学報』No.278（2007年4月11日号）.
山田礼子，2007b,「アメリカの大学における最近の同窓会戦略—多彩な活動を支える専門家を育成」『カレッジマネジメント』144, pp.20-24.
山田礼子，2009,『大学教育を科学する：学生の教育評価の国際比較』東信堂.
吉本圭一，2010,『高等教育研究叢書109 柔軟性と専門性：大学の人材養成課題の日欧比較』広島大学高等教育研究開発センター.
米澤彰純，2000,「オランダの大学評価の動向と課題」，米澤彰純編『高等教育研究叢書62 大学評価の動向と課題』pp.41-49.
米澤彰純，2001,「社会的文脈の重要性—評価システムの構築にあたって」『教育学術新聞：アルカディア学報』No.53.

【洋書・海外論文】

American Council on Education, 2008, *American Universities and Colleges*, 17th ed., Praeger Publishers.
Bauer, K. W. and Bennett, J. S., 2003, "Alumni Perceptions Used to Assess Undergraduate Research Experience," *The Journal of Higher Education*, 74(2), pp. 210-230.
Begg, R. & Bélanger, C., 2003, "EAIR in the Making," Roddy Begg (ed.) *The Dialogue between Higher Education Research and Practice*, pp.15-30.
Boser, J. A., 1990, "Surveying Alumni By Mail : Effect of Booklet/Folder Questionnaire Format and Style of Type on Response Rate," *Research in Higher Education*, 31 (2) : 149-159.
Brittingham, B., O'Brien, P. M., and Alig, J. L. , 2008, "Accreditation and Institutional Research: The Traditional Role and New Dimensions," *Institutional Research: More than Just Data, New Directions for Higher Education*, 141, pp.69-76.
Caplow, T. & McGee, R. J., 1958, *The Academic Marketplace*, Basic Books, Inc.
CHEPS, 2007, *Higher education in the Netherlands—Country Report*.
Clark, B., 1983, *The Higher Education System: Academic Organization in Cross-National Perspective*, University of California Press.
Cowley, W. H, 1960, "Two and a half centuries of institutional research," Axt, R.G.

and Sprague, H.T. ed., *College Self-Study*, pp.1-17.
Cowley, W. H. & Williams, D., 1991, *International and Historical Roots of American Higher Education*, Garland Publishing, Inc.
Collins, J. S., Hecht, W. J. and Strange, D. T., 1999, "Planning and Evaluating Massachusetts Institute of Technology Alumni Services and Fundraising," *New Directions for Institutional Research*, 101, pp.23-41.
CRQ, 2006, Student Satisfaction: Update 2005-2006. http://www0.bcu.ac.uk/crq/publications/feedbackflyer2006.pdf
CRQ, 2007, *The 2007 Report on the Student Experience at UCE Birmingham*. http://www0.bcu.ac.uk/crq/publications/fullreports/UCE_2007_Full_Report.pdf
CRQ, 2009, *Student Satisfaction: Effective Surveys for Quality Improvement*. http://www0.bcu.ac.uk/crq/crq_leaflet_2.pdf
Cunningham, B. M. and Cochi-Ficano, C. K., 2002, "The Determinants of Donative Revenue Flows from Alumni of Higher Education : An Empirical Inquiry," *The Journal of Human Resources*, 37 (3), pp.540-569.
Delaney, A. M., 1997a, "The Role of Institutional Research in Higher Education : Enabling Researchers to Meet New Challenges," *Research in Higher Education*, 38, pp.1-16.
Delaney, A. M., 1997b, "Quality Assessment of Professional Degree Programs," *Research in Higher Education*, 38 (2), pp.241-264.
Doi, J. I., 1979, "The Beginnings of a Profession : A Retrospective View," *New Directions for Institutional Research*, 23, pp.33-42.
Dressel, P. L. & Associates, 1971, *Institutional Research in The University : A Handbook*, Jossey-Bass, Inc.
Dyer, H. S., 1966, "Can institutional research lead to a science of institutions?," *THE EDUCATIONAL RECORD*, 47 (4), pp.452-466.
Dyer, T., 1978, "Institutional research and institutional history," *Research in Higher Education*, 8, pp.283-286.
Dunn Jr., J. A., 1988, "The Future Agenda for Alumni Research," *New Directions for Institutional Research*, 60, pp.77-87.
EACEA, 2009, *Organisation of the education system in the Netherlands 2008/09*.
Fincher, C., 1985, "The art and science of institutional research," *New Directions for Institutitonal Research*, 46, pp.17-37.
Fisher, M. B., 1988, "Surveying Your Alumni," *New Directions for Institutional*

Research, 60, pp.25-38.

Griffith, C. R., 1938, "Functions of a Bureau of Institutional Research," *The Journal of Higher Education*, 9 (5), pp.248-255.

Hartman, D. E. and Schmidt, S. L., 1995, "Understanding Student/Alumni Satisfaction from a Consumer's Perspective : The Effects of Institutional Performance and Program Outcomes," *Research in Higher Education*, 36 (2), pp.197-217.

Hoekstra, P., 2005, "Insitutional Research in de Lage Landen. Een geschiedenis," In Vendel, V. & Korsten, M. (ed.), *Instirutional Research in het hoger onderwijs, een abecedarium*, DAIR, pp.159-164.

Hoekstra, P., 2006, "Institutional Research en de kwaliteit van onderwijs," Hout, Hans van., Dam, Geert ten., Mirande, Marcel. & Willems, Jos. (eds.), *Vernieuwing in het HogerOnderwijs*, VanGorcum, pp.258-270.

Hoekstra, P. & Vendel, V., 1999, "Customised performance indicators : benchmarks of university education in the Netherlands," *Journal of Institutional Research in Australia*, 8 (1), pp.8-16.

Hoey, J. J. and Gardner, D. C., 1999, "Using Surveys of Alumni and Their Employers to Improve an Institution," *New Directions for Institutional Research*, 101, pp.43-59.

Hughes, R. and Miller, B. W., 1983, "The Administrator's Task in Goal Setting, Planning, Programming, Budgeting, and Decision Making : The Scientific Decision-Making Process as a Basis for Planning and Problem Solving," *Leadership in Higher Education : A Handbook for Practicing Administrators*, Miller, Hotes, Terry eds., Greenwood Press.

International Association of Universities, *World Higher Education Database Online*, Palgrave Macmillan, http://www.whed-online.com/registered/reghome.aspx (2010年9月20日現在)

Jardine, D. D., 2003, "Using GIS in Alumni Giving and Institutional Advancement," *New Directions for Institutional Research*, 120, pp.77-89.

Johnson, D. I., 2004, "Relationships between College Experiences and Alumni Participation in the Community," *The Review of Higher Education*, 27 (2), pp.169-185.

Kane, D., Williams, J. & Cappuccini, G., 2008, "Student Satisfaction Surveys : the value in taking an historical perspective," *Quality in Higher Education*, 14 (2), pp.135-155.

Kehm, B. M., 2005, "Looking Back to Look Forward : Ten Years of TEAM", *Tertiary Education and Management*, 11（1）, pp.93-110.
Knight, P. & Yorke, M., 2003, *Assessment, Learning and Employability*, SRHE and Open University Press.
Knight, W. E., Moore, M. E. & Coperthwaite, C. A., 1997, "Institutional Research : Knowledge, Skills, and Perceptions of Effectiveness," *Research in Higher Education*, 38, pp.419-433.
Lindahl, W. E. and Winship, C., 1994, "A Logit Model with Interactions for Predicting Major Gift Donors," *Research in Higher Education*, 35（6）, pp.729-743.
Maassen, P., 1985, "The practice of institutional research in Western Europe," The Association for Institutional Research, *7th European AIR Forum Proceedings*, pp.83-89.
Mael, F. and Ashforth, B. E., 1992, "Alumni and Their Alma Mater : A Partial Test of the Reformulated Model of Organizational Identification," *Journal of Organizational Behavior*, 13（2）, pp.103-123.
Maves, K. K., 1988, "Managing Information on Alumni," *New Directions for Institutional Research*, 60, pp.13-23.
McGuire, M. D. and Casey, J. P., 1999, "Using Comparative Alumni Data for Policy Analysis and Institutional Assessment," *New Directions for Institutional Research*, 101, pp.81-99.
Melchiori, G. S., 1988a, "Alumni Research : An Introduction," *New Directions for Institutional Research*, 60, pp.5-11.
Melchiori, G. S., 1988b, "Applying Alumni Research to Fundraising," New Directions for Institutional Research, 60, pp.51-65.
Ministere van Onderwijs en Wetenschappen, 1985, *Hogeronderwijs : autonomie en kwaliteit*.
Moden, G. O. and Williford, A. M., 1988, "Applying Alumni Research to Decision Making," *New Directions for Institutional Research*, 60, pp.67-76.
Mulugetta, Y., Nash, S. and Murphy, S. H., 1999, "What Makes a Difference : Evaluating the Cornell Tradition Program," *New Directions for Institutional Research*, 101, pp.61-80.
National Center Education Statistics, *Digest of Education Statistics 2009*, http://nces.ed.gov/pubsearch/pubsinfo.asp?pubid=2010013 （2010 年 9 月 20 日 現在）

Neave, G., 2003, "Institutional Research : from Case Study to Strategic Instrument," Roddy Begg (ed.), *The Dialogue between Higher Education Research and Practice*, pp.3-14.

OECD, 2009, *OECD Reviews of Tertiary Education : Japan*, OECD, Paris. (= 2009, OECD 編著, 森訳『日本の大学改革―OECD 高等教育政策レビュー：日本』明石書店)

Okunade, A. A. and Berl, R. L., 1997, "Determnants of Caritable Giving of Business School Alumni," *Research in Higher Education*, 38 (2), pp.201-214.

Pearson, J., 1999, "Comprehensive Research on Alumni Relationships : Four Years of Market Research at Stanford University," *New Directions for Institutional Research*, 101, pp.5-11.

Peterson, M. W., 1985, "Institutional research : An evolutionary perspective," *New Direstions for Institutional Research*, 46, pp.5-15.

Peterson, M. W., 1999, "The role of institutional research : From improvement to redesign," *New Direstions for Institutional Research*, 104, pp.83-103.

Peterson, M. W., 2003, "Institutional Research and Management in the U.S. and Europe: Some EAIR-AIR Comparisons," Roddy Begg (ed.) *The Dialogue between Higher Education Research and Practice*, pp.31-44.

Peterson, M. W. & Corcoran, M., 1985, "Proliferation or professional integration : Transition or transformation," *New Direstions for Institutional Research*, 46, pp.99-112.

Pettit, J., 1991, "Listening to Your Alumni : One Way to Assess Academic Outcomes," *AIR Professional File* 41, pp.1-10.

Pettit, J., 1999, "Now What Should You Do?," *New Directions for Institutional Research*, 101, pp.101-106.

Pike, G. R., 1993, "The Relationship Between Perceived Learning and Satisfaction with College : An Alternative View," *Research in Higher Education*, 34 (1), pp.23-40.

Pike, G. R., 1994, "The Relationship between Alumni Satisfaction and Work Experiences," *Research in Higher Education*, 35 (1), pp.105-123.

Rourke, F. E. & Brooks, G. E., 1966, *The Managerial Revolution in Higher Education*, Johns Hopkins Press.

Rudolph, F., 1990, *American Colleges and University*, the University of Georgia Press. (=2003, F. ルドルフ著, 阿部美哉・阿部温子訳『アメリカ大学史』玉川大学出版部)

Russell, J. D., 1960, "The purpose and organization of institutional research," Axt, R.G. and Sprague, H.T. ed., *College Self-Study*, pp.17-22.
Russell, J. D., 1965, "Dollars and cents : Some hard facts," Baskin, S. ed., *Higher Education : Some Newer Developments*, pp.273-303.
Sanford, N. ed., 1962, *The American College : A Psychological and Social Interpretation of The Higher Learning*, New York : Vintage Books.
Saupe, J. L., 1981, *The Functions of Institutional Research*, Association for Institutional Research.
Saupe, J. L., 1990, *The Functions of Institutional Research* (2nd ed.), Association for Institutional Research.
Saupe, J. L., 2005, "How old is institutional research and how did it develop?," Remarks at Annual MidAIR Conference (2005年11月10日).
Saymour, D. T., 1993, *On Q : Causing Quality in Higher Education*, American Council on Education/Oryx Series on Higher Education, Oryx Press, Phoenix, AZ. (=2000, セイモア著, 舘・森訳『大学個性化の戦略』玉川大学出版部)
Schietinger, E. F., 1979, "Origins of IR," *Research in Higher Education*, 10(4), pp. 371-374.
Serban, A. M., 2002, "Knowledge Management : The 'Fifth Face' of Institutional Research," in *New Directions For Institutional Research*, 113, pp.105-111.
Singer, T. S. and Hughey, A. W., 2002, "The Role of the Alumni Association in Student Life," *New Directions for Student Services*, 100, pp.51-67.
Smith, C. L. and Ehrenberg, R. G., 2003, "Sources and Uses of Annual Giving at Private Research Universities," *New Directions for Institutional Research*, 119, pp.67-79.
Smith, K. and Bers, T., 1987, "Improving Alumni Survey Response Rates : An Experiment and Cost-Benefit Analysis," *Research in Higher Education*, 27 (3), pp.218-225.
Study Group on the Conditions of Excellence in American Higher Education, 1984, *Involvement in earning : Realizing the Potential of American Higher Education. Final Report of the Study Group on the Conditions of Excellence in American Higher Education*.
Szady, S. M., 1988, "Alumni Data Analysis," *New Directions for Institutional Research*, 60, pp.39-50.
Taylor, A. L. and Martin Jr., J. C., 1995, "Characteristics of Alumni Donors and Nondonors at a Research I, Public University," *Research in Higher Education*,

36（3），pp.283-302.
Teichler, U., 2003, "Higher Education Research in Europe," Roddy Begg (ed.) *The Dialogue between Higher Education Research and Practice*, pp.47-54.
Terenzini, P. T., 1993, "On the nature of institutional research and the knowledge and skills it requires," *Research in Higher Education*, 34（1），pp.1-10.
Terkla, D. G., 2008, "Editor's Notes," *Institutional Research : More than Just Data, New Direction for Higher Education*, 141, pp.1-3.
Thorpe, S., 1999, "The Mission of Institutional Research," *presentation paper at the Conference of the North East Association for Institutional Research*（26th, Newport）.
Umbach, P. D., 2004, "What Works Best? Collecting Alumni Data with Multiple Technologies," *AIR Professional File*, 90, pp.1-7.
Volkwein, J. F., 1990, "The Diversity of Institutional Research Structures and Tasks," *New Directions for Institutional Research*, 66, pp.7-26.
Volkwein, J. F., 1999, "The four faces of institutional research," *New Directions for Institutional Research*, 104, pp.9-20.
Volkwein, J. F. & LaNasa, S., 1999, "Editor's Notes," in *What is Institutional Research all about?, A Critical and Comprehensive Assessment of the Profession, New Directions for Institutional Research*, 104, pp.1-8.
Vroeijienstijn, A. I., 1995, *Improvement and Accountability : Navigating Between Scylla and Charybdis*, JKP.（＝2002, A. I. フローインスティン著，米澤彰純・福留東土訳『大学評価ハンドブック』玉川大学出版社）
Weerts, D. J. and Ronca, J. M., 2007, "Profiles of Supportive Alumni : Donors, Volunteers, and Those Who 'Do It All'," *International Journal of Educational Advancement*, 7（1），pp.20-34.
Willemain, T. R., Goyal, A., Deven, M. V. and Thukral, I. S., 1994, "Alumni Giving : The Influences of Reunion, Class, and Year," *Research in Higher Education*, 35（5），pp.609-629.
Yorke, M., 1999, *Leaving Early : Undergraduate Non-completion in Higher Education*, Routledge.
Yorke, M. and Longden, B., 2008, *The First-Year Experience of Higher Education in the UK, Final Report*, HEFCE.

執筆者一覧

＊沖　　清豪　　早稲田大学文学学術院教授
　　　　　　　　（はじめに，第1・5・7・10章，おわりに，資料編2・3）
　森　　利枝　　大学評価学位授与機構学位審査研究部准教授（第4章，資料編2）
　白川　優治　　千葉大学普遍教育センター助教（資料編2）
＊岡田　聡志　　早稲田大学文学学術院助手（第2・6・8・9章，資料編1・2）
　江原　昭博　　同志社大学高等教育・学生研究センター研究員（第3章，資料編2）

（執筆順・＊は編著者）

データによる大学教育の自己改善
── インスティテューショナル・リサーチの過去・現在・展望 ──　［早稲田教育叢書29］

2011年3月30日　第1版第1刷発行

編著者　沖　清豪
　　　　岡田聡志

編纂所　早稲田大学教育総合研究所
　　　　〒169-8050　東京都新宿区西早稲田1-6-1　電話 03 (5286) 3838

発行者　田中千津子
　　　　〒153-0064　東京都目黒区下目黒3-6-1
発行所　株式会社　学文社
　　　　電話 03 (3715) 1501（代）
　　　　FAX 03 (3715) 2012
　　　　http://www.gakubunsha.com

©2011 OKI Kiyotake & OKADA Satoshi Printed in Japan
落丁・乱丁の場合は，本社でお取替えします。
定価はカバー・売上カード表示

印刷所　東光整版印刷株式会社

ISBN 978-4-7620-2157-2